苏州地域文明探源

苏州市考古研究所
（苏州考古博物馆）

编著

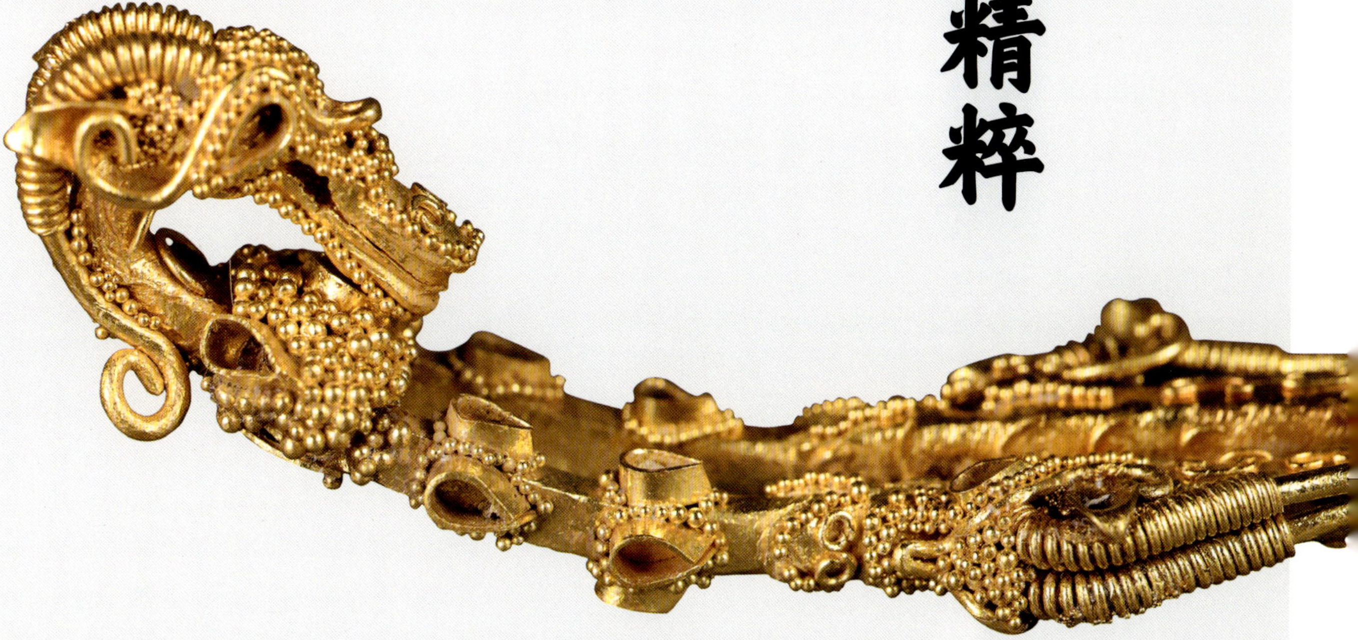

苏州出土文物精粹

文物出版社

图书在版编目（CIP）数据

苏州出土文物精粹 / 苏州市考古研究所（苏州考古博物馆）编著. -- 北京 : 文物出版社, 2024. 12.

ISBN 978-7-5010-8559-0

Ⅰ. K873.533

中国国家版本馆CIP数据核字第2024RA2883号

苏州出土文物精粹

编　　著　苏州市考古研究所
　　　　　　（苏州考古博物馆）

责任编辑　黄　曲
责任印制　张道奇

出版发行　文物出版社
社　　址　北京市东城区东直门内北小街2号楼
邮政编码　100007
网　　址　http://www.wenwu.com
邮　　箱　wenwu1957@126.com
经　　销　新华书店
制版印刷　天津裕同印刷有限公司
开　　本　889mm×1194mm　1/16
印　　张　24.5
版　　次　2024年12月第1版
印　　次　2024年12月第1次印刷
书　　号　ISBN 978-7-5010-8559-0
定　　价　480.00元

THE ESSENTIALS OF UNEARTHED CULTURAL RELICS IN SUZHOU

by

Suzhou Municipal Institute of Archaeology

(Suzhou Archaeological Museum)

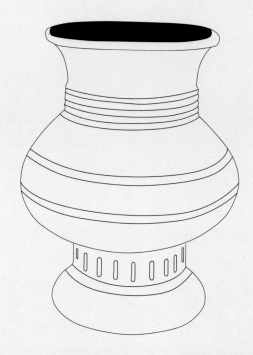

Cultural Relics Press

《苏州地域文明探源丛书》

编纂委员会

主 编

刘小涛　吴庆文

副总主编

金 洁　季 晶

学术顾问（以姓氏笔画为序排列）

王 巍　王奇志　邓 涛　刘兴林　李伯谦　张学锋

陈 杰　陈星灿　林留根　周润垦　徐良高　黄克忠

龚 良　盛之翰　魏 峻

委 员（以姓氏笔画为序排列）

王国荣　乐 江　朱 正　朱 艳　刘小玫　李 勇

沈 玲　宋长宝　张 伟　陈 羔　陈丽艳　陈瑞近

林小明　周春良　胡卫江　施 旭　秦 猛　莫栋升

顾晓东　曹光树　蔡剑峰

总序

《苏州地域文明探源丛书》

中华文明源远流长，博大精深，独特而辉煌，为人类文明的进步作出了重大贡献。苏州是首批国家历史文化名城，也是长江中下游地区人类文明的重要起源地和吴文化的发祥地，有着悠久的历史和灿烂的文化，是中华文明的重要组成部分。早在1万多年前，先民们就在这里辛勤劳作，繁衍生息。始建于周敬王六年（公元前514年）的苏州古城，至今已有2500余年的历史，底蕴厚重，遗存丰富，堪与北京、西安等古都媲美。

党的十八大以来，习近平总书记站在实现中华民族伟大复兴的战略高度，就考古工作和中华文明探源工程多次发表重要讲话和指示批示，为建设新时代中国特色、中国风格、中国气派的考古学指明了方向。苏州市委、市政府高度重视考古工作，多年来，以基本建设考古和文明探源研究并重，取得了一系列重要成果。2009年以来，全市共开展104项考古发掘项目，出土各类文物标本数万件，"赵陵山遗址""苏州木渎古城遗址""太仓樊村泾元代遗址""张家港黄泗浦遗址"等4个考古项目荣获"全国十大考古新发现"。草鞋山遗址被考古界称为"江南史前文化标尺"，考古遗址公园核心区建成开放。木渎古城被认定为春秋时期吴国都邑性质的大型城址。黄泗浦遗址实证鉴真东渡启航地，入选国家文物局"十四五"时期大遗址名单。

为了深入推进苏州考古工作，2022年11月，苏州市委、市政府发布了《苏州地域文明探源工程实施意见》，确立了指导思想和工作原则，确定了"太湖流域文明""史前文明发展历程""吴文化探源""苏州古城研究""苏州地域人口迁徙和文化交流"等重点研究项目，成立了由市委书记任第一组长、市长任组长的领导小组，强化苏州地域文明探源组织保障。同月，苏州市正式启动"苏州地域文明探源工程"，成为国内首个实施文明探源工程的地级市，以此为起点，不断加强考古能力和学科建设，持续推进考古管理体制改革，多学科、多角度、多层次、全方位联合攻关，深入开展苏州地域文明文献研究与考古发掘，探索地域文明起源和脉络，填补历史研究缺环，以丰硕的考古成果和学术研究成果，为中华文明探源作出苏州贡献。

为了配合"苏州地域文明探源工程"的深入推进，系统整理文献资料，及时公布考古成果，在草鞋山遗址考古发掘50周年之际，我们策划了《苏州地域文明探源丛书》。丛书分为研究专著、资料汇编、文物图录、发掘报告四大类别，内容涵盖苏州史前文明、吴文化探源、苏州古城研究、苏州地域人口变迁与文化交流等方面。希望本丛书能够成为一座跨越历史长河的时空桥梁，让更多人了解苏州作为吴文化发祥地和江南文化核心城市的丰富内涵，展现苏州地域文明的发展脉络，以及对中华文明的突出贡献，增强历史自觉和文化自信，推动苏州文化再创新的辉煌。

《苏州地域文明探源丛书》编纂委员会
2023 年 5 月

《苏州出土文物精粹》

出版委员会

主　编

朱　艳

副主编

陈瑞近

执行主编

程　义

统　筹

朱　威　张铁军

统　稿

周官清

撰　稿

张铁军　张志清　牛煜龙　车亚凤

刘芳芳　王　霞　陈　璟　沈　浩

摄　影

刘　振

苏 州 出 土 文 物 精 粹

THE ESSENTIALS OF UNEARTHED CULTURAL RELICS IN SUZHOU

前　言

　　2009 年，苏州博物馆考古部正式分出，成立苏州市考古研究所。时年出版的《苏州博物馆藏出土文物》图录汇聚了 200 余件出土文物精品。到 2024 年，距馆、所分开已达 15 年之久。15 年来，苏州市考古研究所承担了辖区内大量的考古发掘工作，获取出土文物数以千计。因各种原因，资料整理发表速度一直赶不上增长速度，大量出土文物仍然处于待修复待整理阶段。即便是能够整理发表，也只占其中一小部分，就现状而言，远远满足不了研究和欣赏的需要。考古出土文物虽然大多数为陶器，且残损严重，但是，这些文物出土地点明确、记录完整、组合齐全，具有很高的研究价值。此外，由于考古发现具有很大的偶然性，一些重要遗址也是近年才得以发现发掘，选择一批具有代表性的出土文物优先结集出版，弥补资料发表不足的短板，也是一个不错的选择。

　　本书所录出土文物基本按照时代排列，即新石器时代、夏商周时期、秦汉六朝时期、唐宋时期、元明时期。每一时段下面再以遗址为单位，按材质选择代表性器物逐一介绍，同一遗迹单元出土器物集中介绍。一些精美的、难以割舍的单件文物，集中置于每一个时段的最后。受篇幅制约，在文物选择方面，详前而略后，也就是说新石器时代和夏商周时期文物较多，而元明时期仅选择了苏州地区有代表性的几个遗址出土的文物予以介绍。

　　本书收录的文物大多未发表，如已发表简报，在每个遗址的说明文字部分均已注明，以供进一步研究。当然，重要遗址的发掘简报、报告仍在紧张地整理撰写之中，届时应以正式报告为准。

　　最后，感谢多年来奋斗在考古一线的同志，是他们科学严谨的工作使得这些珍贵的文物得以发现，也是他们辛勤细致的工作才使得这些珍贵的文物能够结集出版和大家见面。

苏州市考古研究所　程义

目录

前言 —————————— 011

壹 · 新石器时代遗物 —————— 021

草鞋山遗址 —————————— 022

何村遗址 ———————————— 034

唐家角遗址 —————————— 039

黄泥山北遗址 ———————— 062

朱墓村遗址 —————————— 069

彭家墩遗址 —————————— 074

其他遗址 ———————————— 092

贰 · 夏商周时期遗物 —————— 099

塘北遗址 ———————————— 100

俞墩遗址 ———————————— 104

合丰下场遗址 ———————— 114

馒首山遗址 —————————— 117

大墩遗址 ———————————— 127

华山遗址 ———————————— 130

朱祥巷遗址 —————————— 137

金城新村遗址 ———————— 146

其他遗址 ———————————— 151

叁 · 秦汉六朝时期遗物 —————— 173

　　金城新村遗址 —————— 174

　　虎丘观景二村西古墓葬 —————— 184

　　宋家坟遗址 —————— 190

　　合丰小城遗址 —————— 194

　　虎丘路新村遗址 —————— 200

　　其他遗址 —————— 232

肆 · 唐宋时期遗物 —————— 247

　　苏州工业园区板桥村墓葬 —————— 248

　　元和塘平江窑遗址 —————— 270

　　南章遗址 —————— 292

　　钱家浜遗址 —————— 316

　　乌埂上遗址 —————— 326

　　谢家坟遗址 —————— 332

　　其他遗址 —————— 338

伍 · 元明时期遗物 —————— 351

　　樊村泾遗址 —————— 352

　　常熟渠中路墓葬 —————— 381

　　其他遗址 —————— 387

后　记 —————— 391

图片目录

壹 · 新石器时代遗物

草鞋山遗址

001 | 陶釜 / 马家浜文化————————023
002 | 陶豆 / 马家浜文化————————023
003 | 陶匜 / 马家浜文化————————024
004 | 陶罐 / 马家浜文化————————025
005 | 陶甑 / 崧泽文化—————————026
006 | 陶豆 / 崧泽文化—————————027
007 | 陶豆 / 崧泽文化—————————027
008 | 陶豆 / 崧泽文化—————————028
009 | 陶扁壶 / 崧泽文化———————029
010 | 陶鬶 / 崧泽文化—————————030
011 | 陶盉 / 崧泽文化—————————030
012 | 碟形陶器 / 崧泽文化——————031
013 | 陶罐 / 良渚文化—————————032
014 | 石钺 / 良渚文化—————————033

何村遗址

015 | 陶豆 / 马家浜文化————————035
016 | 陶豆 / 马家浜文化————————035
017 | 带盖双耳陶壶 / 马家浜文化———036
018 | 陶匜 / 马家浜文化————————037
019 | 玉管 / 马家浜文化————————037
020 | 鹿角靴形器 / 马家浜文化————038

唐家角遗址

021 | 陶鼎 / 崧泽文化—————————040
022 | 陶鼎 / 崧泽文化—————————040
023 | 陶豆 / 崧泽文化—————————041
024 | 陶罐 / 崧泽文化—————————041
025 | 陶壶 / 崧泽文化—————————042
026 | 陶壶 / 崧泽文化—————————043

027 | 陶钵 / 崧泽文化——————————043

028 | 陶钵 / 崧泽文化——————————044

029 | 陶提梁壶 / 良渚文化——————045

030 | 陶双鼻壶 / 良渚文化——————046

031 | 玉璜 / 良渚文化——————————047

032 | 玉端饰 / 良渚文化————————048

033 | 玉锥形器 / 良渚文化——————048

034 | 玉锥形器 / 良渚文化——————049

035 | 石钺 / 良渚文化——————————049

036 | 石钺 / 良渚文化——————————050

037 | 石钺 / 良渚文化——————————051

038 | 石钺 / 良渚文化——————————052

039 | 石钺 / 良渚文化——————————058

040 | 石刀 / 良渚文化——————————060

黄泥山北遗址

041 | 陶盖罐 / 崧泽文化————————063

042 | 陶盖罐 / 崧泽文化————————063

043 | 玉璜 / 崧泽文化——————————064

044 | 玉璜 / 崧泽文化——————————064

045 | 玉璜 / 崧泽文化——————————065

046 | 玉璜 / 崧泽文化——————————065

047 | 玉环 / 崧泽文化——————————066

048 | 玉环 / 崧泽文化——————————066

049 | 玉坠 / 崧泽文化——————————067

050 | 玉坠 / 崧泽文化——————————067

051 | 玉片 / 崧泽文化——————————067

052 | 石钺 / 崧泽文化——————————068

朱墓村遗址

053 | 陶双鼻壶 / 良渚文化——————070

054 | 石"耘田器" / 良渚文化————070

055 | 石刀 / 良渚文化——————————071

056 | 石刀 / 良渚文化——————————072

057 | 石铲 / 良渚文化——————————072

058 | 石凿 / 良渚文化——————————073

彭家墩遗址

彭家墩 M5——————————————075

059 | 玉镯 / 良渚文化——————————077

060 | 玉管 / 良渚文化——————————078

061 | 玉戒指 / 良渚文化————————080

062 | 半圆形玉器 / 良渚文化————080

063 | 玉隧孔珠 / 良渚文化——————081

064 | 石钺 / 良渚文化——————————081

彭家墩 M10—————————————082

065 | 玉璧 / 良渚文化——————————084

066 | 玉璧 / 良渚文化——————————085

067 | 玉锥形器 / 良渚文化——————086

068 | 玉管 / 良渚文化——————————087

069 | 玉珠 / 良渚文化——————————088

070 | 玉嵌片 / 良渚文化————————089

071 | 玉纺轮 / 良渚文化————————089

072 | 玉镯 / 良渚文化——————————090

073 | 石钺 / 良渚文化——————————091

其他遗址

074 | 石斧 / 崧泽文化——————————092

075 | 陶罐 / 崧泽文化——————————093

076 | 彩绘陶罐 / 崧泽文化——————094

077 | 带流陶壶 / 崧泽文化——————096

078 | 陶罐 / 良渚文化——————————097

贰 · 夏商周时期遗物

塘北遗址

079 | 鸭形陶壶 / 马桥文化——————101

080 | 陶三足盘 / 马桥文化——————101

081 | 陶豆 / 马桥文化——————————102

082 | 陶尊 / 马桥文化——————————102

083 | 双耳陶罐 / 战国时期——————103

084 | 双耳陶罐 / 战国时期——————103

俞墩遗址

085 | 陶鼎 / 马桥文化————————105
086 | 陶簋 / 马桥文化————————105
087 | 印纹硬陶瓮 / 马桥文化————————106
088 | 印纹硬陶罐 / 马桥文化————————107
089 | 印纹硬陶罐 / 西周时期————————108
090 | 印纹硬陶罐 / 西周时期————————109
091 | 印纹硬陶罐 / 春秋时期————————110
092 | 原始瓷豆 / 西周时期————————110
093 | 原始瓷豆 / 西周时期————————111
094 | 原始瓷豆 / 西周时期————————112
095 | 原始瓷豆 / 西周时期————————112
096 | 原始瓷罐 / 春秋时期————————113

合丰下场遗址

097 | 陶鼎 / 马桥文化————————115
098 | 陶罐 / 春秋时期————————115
099 | 铜杯 / 春秋时期————————116

馒首山遗址

馒首山 2012SGMD1M1————————118

100 | 印纹硬陶坛 / 西周时期————————119
101 | 印纹硬陶瓮 / 西周时期————————120
102 | 原始瓷罐 / 西周时期————————121
103 | 原始瓷罐 / 西周时期————————121

馒首山 2012SGMD1M2————————122

104 | 印纹硬陶瓮 / 西周时期————————123
105 | 印纹硬陶瓿 / 西周时期————————124
106 | 印纹硬陶尊 / 西周时期————————124
107 | 原始瓷豆 / 西周时期————————125
108 | 原始瓷豆 / 西周时期————————125
109 | 原始瓷尊 / 西周时期————————126

大墩遗址

110 | 陶鼎 / 春秋时期————————128
111 | 陶鬲 / 春秋时期————————128
112 | 陶鬲 / 春秋时期————————129
113 | 原始瓷罐 / 春秋时期————————129

华山遗址

114 | 陶郢爰 / 战国时期————————131
115 | 陶豆 / 战国时期————————131
116 | 原始瓷兽首盉 / 战国时期————————132

117 | 原始瓷罐 / 战国时期————————133
118 | 原始瓷豆形盖罐 / 战国时期————————133
119 | 青瓷提梁盉 / 战国时期————————134
120 | 玉带钩 / 战国时期————————135
121 | 玉璧 / 战国时期————————136
122 | 凤首龙身玉佩 / 战国时期————————136

朱祥巷遗址

123 | 印纹硬陶尊 / 西周时期————————138
124 | 陶罐 / 战国时期————————139
125 | 陶罐 / 战国时期————————140
126 | 陶罐 / 战国时期————————142
127 | 陶拍 / 战国时期————————142
128 | 铜镰 / 战国时期————————143
129 | 环首铜刀 / 战国时期————————144
130 | 铜矛 / 战国时期————————145

金城新村遗址

131 | 陶罐 / 战国时期————————147
132 | 陶罐 / 战国时期————————148
133 | 陶豆 / 战国时期————————148
134 | 陶盆 / 战国时期————————149
135 | 陶釜 / 战国时期————————149
136 | 陶拍 / 战国时期————————150
137 | 陶拍 / 战国时期————————150

其他遗址

138 | 陶罐 / 马桥文化————————151
139 | 陶尊 / 马桥文化————————152
140 | 陶鬲 / 春秋时期————————154
141 | 陶罐 / 春秋时期————————155
142 | 印纹硬陶罐 / 春秋时期————————157
143 | 印纹硬陶罐 / 春秋时期————————158
144 | 原始瓷盖碗 / 春秋时期————————159
145 | 原始瓷碗 / 春秋时期————————159
146 | 陶罐 / 战国时期————————160
147 | 陶罐 / 战国时期————————161
148 | 陶罐 / 战国时期————————162
149 | 陶罐 / 战国时期————————163
150 | 陶罐 / 战国时期————————164
151 | 陶罐 / 战国时期————————165
152 | 陶钫 / 战国时期————————166
153 | 原始瓷罐 / 战国时期————————168

154 | 石铲 / 马桥文化————————169
155 | 石 "耘田器" / 马桥文化————————169
156 | 玉剑珌 / 春秋时期————————170
157 | 玉印 / 春秋时期————————171
158 | 条形玉器 / 春秋时期————————171

叁 · 秦汉六朝时期遗物

金城新村遗址

159 | 陶板瓦 / 秦代————————175
160 | 陶筒瓦 / 秦代————————177
161 | 陶筒瓦 / 秦代————————179
162 | 陶檐头筒瓦 / 秦代————————180
163 | 陶管 / 秦代————————183

虎丘观景二村西古墓葬

164 | 釉陶钫 / 西汉————————185
165 | 铜鼎 / 西汉————————187
166 | 铜 "货泉" / 新莽时期————————188
167 | 铜戟 / 东汉————————188
168 | 石研板 / 东汉————————189

宋家坟遗址

169 | 釉陶灶 / 汉代————————191
170 | 釉陶麟趾金 / 汉代————————193
171 | 铜染炉 / 汉代————————193

合丰小城遗址

172 | 陶簋 / 汉代————————195
173 | 釉陶盆 / 汉代————————196
174 | 釉陶罐 / 东汉————————197
175 | 瓷香熏 / 东汉————————198
176 | 铜簋 / 东汉————————199

虎丘路新村遗址

177 | 双耳青瓷罐 / 三国时期————————201
178 | 双耳青瓷罐 / 三国时期————————201
179 | 双耳青瓷盖罐 / 三国时期————————202
180 | 青瓷罐 / 三国时期————————205
181 | 青瓷罐 / 三国时期————————206
182 | 双耳青瓷熏 / 三国时期————————207
183 | 青瓷灶 / 三国时期————————208

184 | 蛙形玉串饰 / 三国时期————————210
185 | 鱼形金串饰 / 三国时期————————210
186 | 方形金串饰 / 三国时期————————210
187 | 蛙形金串饰 / 三国时期————————211
188 | 比翼鸟形金串饰 / 三国时期————————211
189 | 镂空算珠形金串饰 / 三国时期————————212
190 | 童子形金串饰 / 三国时期————————212
191 | 青瓷耳杯 / 三国时期————————213
192 | 龙首铜熏 / 三国时期————————215
193 | 铜鐎斗 / 三国时期————————216
194 | 铜盆 / 三国时期————————217
195 | 铜烛台 / 三国时期————————218
196 | 铜熨斗 / 三国时期————————219
197 | 瑞兽衔杯铜砚滴 / 三国时期————————220
198 | 银鎏金三足镜架 / 三国时期————————221
199 | 龙首金钗 / 三国时期————————222
200 | 凤首金钗 / 三国时期————————222
201 | 挖耳勺金簪 / 三国时期————————224
202 | 步摇金片 / 三国时期————————224
203 | 金坠 / 三国时期————————225
204 | 金坠 / 三国时期————————225
205 | 金戒指 / 三国时期————————225
206 | 金手镯 / 三国时期————————226
207 | 银碗 / 三国时期————————227
208 | 银唾壶 / 三国时期————————227
209 | 银盒 / 三国时期————————228
210 | 石珠 / 三国时期————————229
211 | 琥珀珠 / 三国时期————————229
212 | 琥珀珠 / 三国时期————————230
213 | 绿松石司南配 / 三国时期————————230
214 | "吴侯" 铭文砖 / 三国时期————————231

其他遗址

215 | 釉陶鼎 / 西汉————————233
216 | 釉陶瓿 / 西汉————————234
217 | 釉陶壶 / 汉代————————236
218 | 带把陶壶 / 汉代————————238
219 | 青瓷熏炉 / 汉代————————239
220 | 铜镜 / 汉代————————240
221 | 铜带钩 / 西汉————————241
222 | 琉璃珠 / 西汉————————241
223 | 人面纹瓦当 / 三国时期————————242
224 | 莲瓣纹瓦当 / 六朝————————243

225 | 青瓷盂 / 六朝 ——————————— 244
226 | 铭文砖 / 六朝 ——————————— 245

肆·唐宋时期遗物

苏州工业园区板桥村墓葬

227 | 青瓷盘口壶 / 唐代 ——————— 249
228 | 陶骆驼 / 唐代 ————————— 250
229 | 陶俑 / 唐代 ——————————— 252
230 | 陶俑 / 唐代 ——————————— 253
231 | 陶俑 / 唐代 ——————————— 254
232 | 陶玄武 / 唐代 ————————— 255
233 | 漆钵 / 五代 ——————————— 256
234 | 漆盒 / 五代 ——————————— 256
235 | 花口漆碗 / 五代 ———————— 257
236 | 漆碗 / 五代 ——————————— 258
237 | 花口漆盘 / 五代 ———————— 258
238 | 木俑 / 五代 ——————————— 260
239 | 木人俑 / 五代 ————————— 264
240 | 人面木俑 / 五代 ———————— 266
241 | 木虎 / 五代 ——————————— 267
242 | 角篦 / 五代 ——————————— 267
243 | 木质买地券 / 五代 ——————— 268

元和塘平江窑遗址

244 | 青瓷碗 / 唐五代 ——————— 271
245 | 陶器口部残件 / 宋代 ————— 272
246 | 陶器残件 / 宋代 ———————— 272
247 | 陶器口部残件 / 宋代 ————— 273
248 | 陶器底部残件 / 宋代 ————— 274
249 | 陶器底部残件 / 宋代 ————— 274
250 | 陶器底部残件 / 宋代 ————— 275
251 | 陶灯 / 宋代 ——————————— 276
252 | 陶灯 / 宋代 ——————————— 278
253 | 陶灯 / 宋代 ——————————— 279
254 | 陶灯盏 / 宋代 ————————— 280
255 | 陶熏炉盖 / 宋代 ——————— 280
256 | 陶熏炉盖 / 宋代 ——————— 281
257 | 陶熏炉盖 / 宋代 ——————— 281
258 | 陶熏炉盖 / 宋代 ——————— 282
259 | 陶熏炉盖 / 宋代 ——————— 283
260 | 陶熏炉盖 / 宋代 ——————— 286

261 | 陶香炉 / 宋代 ————————— 287
262 | 陶香炉 / 宋代 ————————— 287
263 | 陶炉 / 宋代 ——————————— 288
264 | 陶杯 / 宋代 ——————————— 289
265 | 陶铃 / 宋代 ——————————— 289
266 | 陶垫圈 / 宋代 ————————— 290
267 | 陶范 / 宋代 ——————————— 290
268 | 陶范 / 宋代 ——————————— 291

南章遗址

269 | 青瓷四耳罐 / 北宋（定康元年，1040 年）—— 295
270 | 柏人木俑（西）/ 北宋（定康元年，1040 年）—— 296
271 | 柏人木俑（北）/ 北宋（定康元年，1040 年）—— 298
272 | 柏人木俑（南）/ 北宋（定康元年，1040 年）—— 299
273 | 青瓷瓜棱瓶 / 北宋（庆历四年，1044 年）—— 300
274 | 越窑花口青瓷炉 / 北宋（庆历四年，1044 年）—— 302
275 | 十二生肖木俑（十二辰俑）/ 北宋
　　　　（庆历四年，1044 年）—————— 304
276 | 文官木俑 / 北宋（庆历四年，1044 年）—— 310
277 | 文官木俑 / 北宋（庆历四年，1044 年）—— 311
278 | 金鸡木俑 / 北宋（庆历四年，1044 年）—— 312
279 | 天犬木俑 / 北宋（庆历四年，1044 年）—— 313
280 | 青龙木俑 / 北宋（庆历四年，1044 年）—— 314
281 | 白虎木俑 / 北宋（庆历四年，1044 年）—— 315

钱家浜遗址

282 | 青瓷盖罐 / 北宋 ——————— 317
283 | 釉陶瓶 / 北宋 ————————— 317
284 | 漆钵 / 北宋 ——————————— 318
285 | 漆盆 / 北宋 ——————————— 318
286 | 花口漆盘 / 北宋 ——————— 319
287 | 花口漆盘 / 北宋 ——————— 320
288 | 花口漆碗 / 北宋 ——————— 321
289 | 铜镜 / 北宋 ——————————— 322
290 | 石砚台 / 北宋 ————————— 323
291 | 木墓龙 / 北宋 ————————— 325

乌埂上遗址

292 | 陶钵 / 北宋 ——————————— 327
293 | 青瓷高足杯 / 北宋 ————— 327
294 | 花口漆盘 / 北宋 ——————— 328
295 | 花口漆盘 / 北宋 ——————— 329
296 | 银钗 / 北宋 ——————————— 330

谢家坟遗址

297 | 青瓷盘口壶 / 唐五代———333
298 | 青瓷执壶 / 宋代———335
299 | 青瓷盏托 / 宋代———336
300 | 青瓷粉盒 / 宋代———337
301 | 青瓷盖罐 / 宋代———337

其他遗址

302 | 釉陶盆 / 唐代———338
303 | 三彩粉盒 / 唐代———339
304 | 陶壶 / 唐代———339
305 | 陶俑 / 唐代———340
306 | 青砖 / 唐代———341
307 | 青瓷执壶 / 唐代———343
308 | 琉璃耳珰 / 唐代———344
309 | 琉璃耳珰 / 唐代———344
310 | 琉璃耳珰 / 唐代———344
311 | 青瓷粉盒 / 北宋———345
312 | 青瓷鬲式炉 / 南宋———346
313 | 青瓷鼎式炉 / 宋代———347
314 | 青瓷杯 / 宋代———347
315 | 陶脊兽 / 宋代———348

伍 · 元明时期遗物

樊村泾遗址

316 | "至元四年"款莲花纹青瓷碗 / 元代———353
317 | 青瓷碗 / 元代———354
318 | 青瓷碗 / 元代———355
319 | 青瓷碗 / 元代———356
320 | 青瓷盖罐 / 元代———357
321 | 青瓷盖罐 / 元代———357
322 | 青瓷瓶 / 元代———358
323 | 弦纹青瓷瓶 / 元代———359
324 | 双耳衔环青瓷瓶 / 元代———359
325 | 青瓷鬲式炉 / 元代———360
326 | 青瓷奁式炉 / 元代———360
327 | 青瓷奁式炉 / 元代———361
328 | 青瓷奁式炉 / 元代———362
329 | 印花杂宝纹青瓷盘 / 元代———363
330 | 印花牡丹纹青瓷盘 / 元代———364
331 | 青瓷八方盘 / 元代———365

332 | 青瓷卧足盏 / 元代———366
333 | 印花梅花纹青瓷盏 / 元代———367
334 | 青瓷莲子盏 / 元代———368
335 | 青瓷洗 / 元代———369
336 | 青瓷花口洗 / 元代———370
337 | 青瓷花盆 / 元代———371
338 | 青瓷把杯 / 元代———372
339 | 青瓷高足杯 / 元代———372
340 | 菊瓣纹青瓷高足杯 / 元代———373
341 | 青花瓷高足杯 / 元代———374
342 | 青白瓷转柄高足杯 / 元代———375
343 | 卵白瓷盘 / 元代———376
344 | "大元通宝"铜钱 / 元代———377
345 | 紫砂壶 / 明代———378
346 | 紫砂壶 / 明代———379
347 | 紫砂壶 / 明代———380

常熟渠中路墓葬

348 | 陶罐 / 明代———382
349 | 铜镜 / 明代———383
350 | 铜镜 / 明代———384
351 | 银簪 / 明代———385
352 | 木梳 / 明代———386
353 | 木棕刷 / 明代———386

其他遗址

354 | 玉坠饰 / 明代———387
355 | 玉牌饰 / 明代———387
356 | 石人 / 明代———388
357 | 陶扑满 / 明代———390
358 | 金戒指 / 明代———390

一 新石器

時代遺物

草鞋山遗址

　　草鞋山遗址位于环太湖地区东部，苏州唯亭镇东北，北临阳澄湖，是环太湖流域典型的新石器时代文化遗址。1956年，江苏省文物管理委员会在文物普查中首次发现草鞋山遗址；2013年，国务院核定公布草鞋山遗址为第七批全国重点文物保护单位。遗址保护范围东起东港河东岸，西至司马泾河（原西港河）西岸，北起阳澄湖大道北侧，南至横泾港南岸，规划总面积402048平方米，保护范围19.9万平方米。遗址文化堆积最厚处达10.5米，由下而上依次为马家浜文化、崧泽文化、良渚文化、春秋时期吴越文化等多个时期的文化遗存。

　　草鞋山遗址前后经过8次发掘。1972～1973年的第一次发掘，发现了良渚文化→崧泽文化→马家浜文化的"三叠层"，确立了太湖流域史前文化发展序列，被誉为"江南史前文化标尺"；此次发掘，首次在良渚文化墓葬出土玉琮、玉璧等，拉开了对良渚文化时期社会结构、宗教礼仪与文明进程研究的序幕。1992～1995年的第二次发掘，首次发现有人工灌溉系统的古水稻田，是探索我国早期稻作农业文化的一次突破性进展。2021年起，苏州市考古研究所与苏州工业园区管理委员会合作，在草鞋山遗址开展长期主动性考古发掘工作。从总体着眼，系统规划，正确、有效地保护遗址安全，科学地获取遗址信息，准确地阐释遗址价值。以遗址的保护与展示为契机，为遗址公园建设提供基础资料，集中展示地域文明。

参考文献：

◆ 苏州市考古研究所、南京博物院、苏州博物馆等编：《苏州草鞋山遗址出土文物》，文物出版社，2023年。

001 | 陶釜

马家浜文化
草鞋山遗址 2020G3：1
口径 26.8 厘米，底径 8 厘米，高 36.4 厘米

夹砂红陶。折沿，圆唇，深直筒腹，上腹饰一圈腰檐，圜底。

002 | 陶豆

马家浜文化
草鞋山遗址 2020M3：1
口径 30.3 厘米，底径 21.8 厘米，高 20.3 厘米

泥质红陶，豆盘内黑外红。浅盘形豆盘，敞口，圆唇，斜壁略弧，喇叭形圈足。

003 陶匜

马家浜文化
草鞋山遗址 2020M3：2
口径 26.9 厘米，底径 8 厘米，高 10 厘米

　　夹砂红陶。敛口，方唇，斜弧壁内收，平底，口沿一侧带流，另一侧折沿。沿上有三个未穿透圆孔。

004 陶罐

马家浜文化

草鞋山遗址 2020H106：1

口径 21.5 厘米，底径 18.5 厘米，高 39.4 厘米

　　夹砂黄褐陶。侈口，圆唇，束颈，圆弧肩，下腹内收成平底。沿上饰一圈旋纹，颈部有密集的凹凸弦纹，肩腹部有四个牛鼻形耳。

005 陶甑

崧泽文化

草鞋山遗址 2020M18：7

口径 21.6 厘米，底径 11.6 厘米，高 15.8 厘米

夹砂黄褐陶。敞口，圆唇，斜直腹略弧，平底。腹中部有四个舌状錾；底部甑孔呈花瓣状分布，中间一圆形孔，四周四个圆角三角形孔。

006 陶豆

崧泽文化
草鞋山遗址 2009M14：1
口径 15.2 厘米，底径 8.5 厘米，高 8.6 厘米

　　泥质黑皮陶。豆盘侈口，圆唇，直壁，圜底。豆柄呈二阶式，上部饰三个圆形镂孔。器表饰彩绘，惜大多脱落，图案不清。

007 陶豆

崧泽文化
草鞋山遗址 2020M22：2
口径 6.8 厘米，底径 10.4 厘米，高 12.4 厘米

　　泥质灰陶。直口微侈，尖圆唇，扁圆形罐身，中部略折。三段式豆柄，第二段饰圆形和弧边三角形组合镂孔。

008 　陶
　　　豆

崧泽文化
草鞋山遗址 2020M22：5
口径 20.6 厘米，底径 12.2 厘米，高 13.6 厘米

　　泥质灰陶。浅盘形豆盘，敞口，尖圆
唇，斜腹，喇叭形圈足。圈足上饰圆形和弧
边三角形组合镂孔。

009 陶扁壶

崧泽文化
草鞋山遗址 2009M13：4
口径 4.9 厘米，最大腹径 14.5 厘米，残高 16.4 厘米

　　泥质灰陶。直口，方唇，扁腹，底部有
一圈足，缺失。

010 陶鬶

崧泽文化
草鞋山遗址 2020M1∶1
口径 8.2 厘米，高 18 厘米

夹砂灰陶。喇叭形口，尖圆唇，圆弧肩，直腹下收，圜底，三矮足，一足上方附三角形把手。

011 陶盉

崧泽文化
草鞋山遗址 2020M16∶11
口径 11 厘米，高 23 厘米

夹砂红陶。喇叭形口，圆唇，扁鼓腹，侧装三扁三角形足，边缘略凸，一足上方装绞索状把手。腹部饰两道凸弦纹。

012 碟形陶器

崧泽文化
草鞋山遗址 2009M16:19
最大腹径 18.3 厘米，高 13 厘米

泥质红陶。呈飞碟状，空心，无口无缝，顶部有一乳突，折腹，平底略内凹。器上部围绕乳突刻划有十一角星纹。

013 ┃ 陶
　　罐

良渚文化
草鞋山遗址 2009J7：1
口径 10.4 厘米，底径 10.6 厘米，高 14.6 厘米

　　夹砂灰陶。侈口，圆唇，束颈，球形
腹，平底。腹中部饰十道旋纹。

014 | 石铖

良渚文化
草鞋山遗址 2009M5：7
长24.2厘米，宽17厘米，厚0.4厘米；孔外径3.2厘米，
孔内径3厘米

　　青灰色。通体扁薄均匀。平面呈"风"
字形，顶端缘略有残损，近顶端微斜刹趋
薄，双向管钻孔，双面弧刃。

何村遗址

何村遗址位于常熟市梅李镇周师线龙腾特种钢有限公司22号门内，西邻海洋泾，东邻周师线，因遗址南侧原为何村（现已拆迁），将该遗址命名为何村遗址。

发掘面积600平方米。共发现文化层10层（分属马家浜文化时期、东周时期、宋代、明代、清代和现代），墓葬38座（马家浜文化时期墓葬35座、宋代墓葬2座、明代墓葬1座），灰坑44个（马家浜文化时期灰坑36个、东周时期灰坑4个、明代灰坑3个、近现代灰坑1个），沟8条（马家浜文化时期沟3条、宋代沟1条、清代沟2条、近现代沟2条），柱洞123个（均为马家浜文化时期），红烧土墙1段（马家浜文化时期），水井3口（马家浜文化时期水井2口、唐代水井1口）。出土不同材质文物181件（组），多数属于马家浜文化时期，以陶器和石器为主。

015 陶豆

马家浜文化

何村遗址 2020M14：2

口径 18.4 厘米，底径 8.6 厘米，高 9.6 厘米

泥质红陶。手制成型。敞口，圆唇，卷沿，斜腹内收，圜底，矮圈足。素面。

016 陶豆

马家浜文化

何村遗址 2020M25：2

口径 20 厘米，底径 19.2 厘米，高 23.2 厘米

泥质红褐陶。侈口，圆唇，卷沿内收，折腹，平底，喇叭形高圈足，圈足下端外撇。素面。

马家浜文化

何村遗址 2020M25：1

盖：口径8.4厘米，纽高1.3厘米，高3.8厘米

壶：口径8.4厘米，底径7.4厘米，高11.9厘米

通高 15.7 厘米

　　泥质红褐陶。由盖和双耳壶组成。盖呈斗笠形，侈口，圆唇，弧腹，圜顶，桥形纽。壶侈口，圆唇，束颈，肩部左右有对称双环耳，鼓腹内收，平底，圈足外撇。素面。

018 陶匜

马家浜文化

何村遗址 2020M31∶1

口径 12 厘米，底径 8 厘米，高 7.5 厘米

泥质红陶。敛口，圆唇，平沿，口沿一侧有流，斜腹内收，平底。素面。

019 玉管

马家浜文化

何村遗址 2020M36∶4

长 2.3 厘米，直径 1.3 厘米，孔径 0.4 厘米

软玉质，黄褐色，微透明。上、下端磨平，中间钻孔，略残。

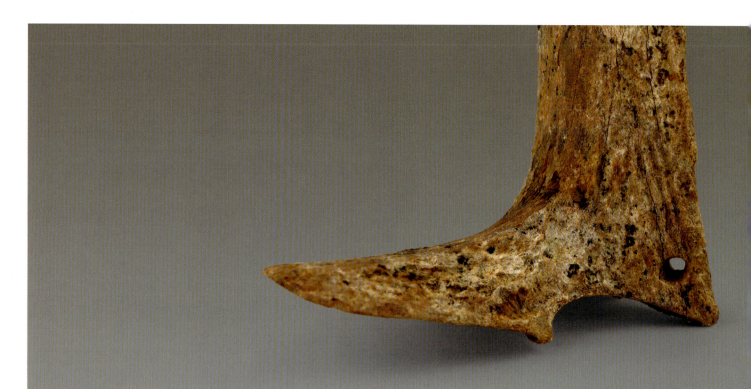

020 鹿角靴形器

马家浜文化

何村遗址 2020M29：5

高 12.5 厘米，宽 3 厘米，靴筒厚 0.1 ~ 0.8 厘米；
靴脚长 6.6 厘米，高 1.5 厘米，宽 2.4 厘米

　　形态与 M29：4 相仿且呈左右对称状。
靴脚跟左侧有一圆形穿孔，孔径 0.3 厘米，
靴脚根部前排两齿间距 1 厘米，后排两齿间
距 0.5 厘米，前后两排齿间距 1.7 ~ 2.6 厘
米，齿高约 0.5 厘米。

唐家角遗址

　　唐家角遗址位于昆山市张浦镇京东路南侧、花苑路西侧、规划路东侧，北距吴淞江约4千米，西南距赵陵山遗址约3.5千米。2022年11月至2023年7月，苏州市考古研究所对该遗址进行考古发掘，累计发掘面积1600平方米。发掘情况表明，南区的主体面貌是崧泽文化晚期和良渚文化时期所营建的土台，其功能主要作为墓区使用。墓葬均为竖穴土坑墓，呈东西并列分布。

　　唐家角遗址是太湖东部地区良渚文化聚落遗址的一处新发现，为推动苏州地域文明探源工程及新石器时代晚期环太湖流域的文化变迁与研究提供了新的实物材料。

021 陶鼎

崧泽文化
唐家角遗址 2023M4：1
口径 12 厘米，高 14 厘米，足高 7 厘米

　　夹砂灰陶。侈口，方唇，束颈，弧腹，圜底，凿形足。腹部一侧置一环形耳，上接口沿，下接中腹。鼎足上宽下窄，平面呈三角状，近足尖处呈扁平状。足两侧刻划多道竖状纹。

022 陶鼎

崧泽文化
唐家角遗址 2023M10：2
口径 7.5 厘米，腹径 6 厘米，高 6.5 厘米，足高 3 厘米

　　泥质橙黄陶。侈口，圆唇，腹微弧，圜底，三足微外撇。

023 陶豆

崧泽文化
唐家角遗址 2023M4:2
口径 16 厘米，底径 11 厘米，高 10 厘米

　　泥质灰褐胎灰陶。敞口，方唇，折腹，喇叭形高圈足。圈足中部镂刻八个圆孔。

024 陶罐

崧泽文化
唐家角遗址 2023M4:4
口径 14 厘米，底径 8 厘米，高 8 厘米

　　泥质灰褐胎灰陶。侈口，方唇，束颈，圆肩，鼓腹，矮圈足。

025 陶壶

崧泽文化
唐家角遗址 2023M10:3
口径 6 厘米, 腹径 11.5 厘米, 底径 7.2 厘米, 高 6
厘米

　　泥质灰陶。敛口, 方唇, 溜肩, 折腹,
矮圈足。器身饰三道宽凹弦纹。

026 陶壶

崧泽文化

唐家角遗址 2023M10：4

口径 7 厘米，腹径 11.5 厘米，底径 5 厘米，高 8 厘米

泥质灰陶。敞口，圆唇，高领微束，溜肩，折腹，平底。通体素面，光洁。

027 陶钵

崧泽文化

唐家角遗址 2023M4：3

口径 13 厘米，底径 8 厘米，高 7 厘米

泥质红陶。侈口，方唇外翻，深弧腹，平底。

028 陶钵

崧泽文化

唐家角遗址 2023M10：6

口径 13.5 厘米，底径 13.5 厘米，高 5.4 厘米

泥质灰陶。敞口，圆唇，直腹，平底微圆，中部微隆起。器外壁饰阴刻绞丝纹和人面纹，人面的眼部与嘴部呈内凹状，底部中心饰四叶草纹。

029 | 陶提梁壶

良渚文化

唐家角遗址 2023M13：7

壶：口径 8.6~9.1 厘米，腹径 16.2 厘米，底径 12.1 厘米，
　　高 12.8 厘米

提梁：顶部宽 1.7 厘米，与壶口连接处宽 3.6 厘米，
　　厚 0.6 厘米

通高 22.5 厘米

　　泥质红胎黑皮陶。直口，方唇内切，矮
直领，圆肩，鼓腹，喇叭状矮圈足。提梁呈
窄扁泥条扎带状。提梁与壶口衔接处一侧出
流，流嘴与壶口高度一致。

| 陶双鼻壶

良渚文化
唐家角遗址 2023H127:3
口径 7.4 厘米，腹径 10.7 厘米，底径 8.7 厘米，高
12.4 厘米

　　泥质黑皮陶。直敞口，圆唇，口沿对称
附加装饰一对贯耳，长颈微弧，折肩，扁鼓
腹，矮圈足。圈足周圈近腹部饰两道折棱，
折棱间有五个大小近同的长方形镂孔。颈部
有浅阴刻"N"形加圈状刻符。

031 玉
璜

良渚文化
唐家角遗址 2023M24:4（1组3件）
玉璜：长5.9厘米，高4.5厘米，孔径1.2厘米，厚0.7厘米
玉坠：残长2.5厘米，直径1厘米，榫头长0.5厘米
玉珠：长0.9厘米，直径0.6厘米，孔径0.2厘米

　　玉璜，乳白色，局部受沁，含黄色晕斑。平面呈半椭圆形，正面微弧凸，背面略平；上端平直，中部有扁半圆形孔，孔壁较直，两侧各有一贯通式小孔，为穿系所制。

　　玉坠，鸡骨白色。下端残损，上端有榫头，并钻有穿孔。

　　玉珠，鸡骨白色。立面呈柱状，中部微鼓，两端微敛，中心有穿孔。

032 玉端饰

良渚文化

唐家角遗址 2023M16：3

长 2.7 厘米，直径 0.8 厘米

　　青绿色。通体呈三道竹节状，顶部短榫处钻有穿孔，上部微鼓，中部渐收，下部微外撇，底部微鼓凸。

033 玉锥形器

良渚文化

唐家角遗址 2023M15：6

长 5.6 厘米，直径 0.6 厘米，锥尖长 1.4 厘米

　　灰绿褐色，受沁和钙化迹象明显。横截面呈圆形，顶部短榫处钻有穿孔，底部呈尖锥状。素面无纹。

034　玉锥形器

良渚文化
唐家角遗址 2023M17：3
长 6.9 厘米，直径 0.5 厘米，锥尖长 0.4 厘米

　　灰绿褐色，受沁和钙化迹象明显。横截面呈圆形，顶部短榫处钻有穿孔，底部呈尖锥状。素面无纹。

035　石钺

良渚文化
唐家角遗址 2023M15：7
长 13.1 厘米，刃宽 6.8 厘米，厚 0.7 厘米；孔外径 1.1 厘米，孔内径 0.9 厘米

　　青绿色。整器扁薄均匀。平面呈"风"字形，顶端缘有残损，近顶端微斜刹趋薄，双向管钻孔，双面弧刃。

036-1

036 石钺

良渚文化

036-1 唐家角遗址 2023M13：1
长 14.8 厘米，刃宽 14.3 厘米，厚 0.8 厘米；孔外径 3.1 厘米，孔内径 2.9 厘米

036-2 唐家角遗址 2023M13：2
长 11.5 厘米，刃宽 14 厘米，厚 0.7 厘米；孔外径 2.9 厘米，孔内径 2.6 厘米

036-3 唐家角遗址 2023M13：3
长 14 厘米，刃宽 12 厘米，厚 1.3 厘米；孔外径 2.6 厘米，孔内径 2 厘米

青灰色。整器扁薄均匀。平面呈"风"字形，顶端缘有残损，近顶端微斜刹趋薄，双向管钻孔，双面弧刃。

036-2

036-3

037-1

037 石钺

良渚文化

037-1 唐家角遗址 2023M15:3
长 19.5 厘米，刃宽 14.1 厘米，厚 0.5 厘米；孔外径 3.0
厘米，孔内径 2.7 厘米

037-2 唐家角遗址 2023M15:5
长 20 厘米，刃宽 14 厘米，厚 0.5 厘米；孔径 2.2 厘米

037-3 唐家角遗址 2023M15:9
长 16.5 厘米，刃宽 12.5 厘米，厚 0.5 厘米；孔外径 2.3
厘米，孔内径 2 厘米

　　青灰色。整器扁薄均匀。平面呈"风"
字形，顶端缘有残损，近顶端微斜刹趋薄，
单向/双向管钻孔，双面弧刃。

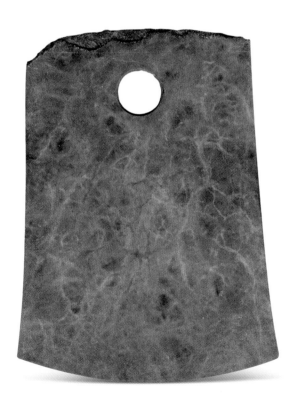

037-2

037-3

038 石钺

良渚文化

038-1 唐家角遗址 2023M19:1
长 16.8 厘米,刃宽 12.4 厘米,厚 0.4 厘米;孔外径 2.1 厘米,孔内径 1.9 厘米

038-2 唐家角遗址 2023M19:2
长 18.8 厘米,刃宽 17.0 厘米,厚 0.8 厘米;孔外径 3.0 厘米,孔内径 2.6 厘米

038-3 唐家角遗址 2023M19:4
长 17 厘米,刃宽 11.5 厘米,厚 0.7 厘米;孔外径 1.6 厘米,孔内径 1.3 厘米

038-4 唐家角遗址 2023M19:5
长 15.8 厘米,刃宽 13.4 厘米,厚 0.5 厘米;孔外径 3.1 厘米,孔内径 2.8 厘米

038-5 唐家角遗址 2023M19:6
长 18.4 厘米,刃宽 12.1 厘米,厚 0.8 厘米;孔外径 2.1 厘米,孔内径 1.9 厘米

038-6 唐家角遗址 2023M19:7
长 17.7 厘米,刃宽 14.5 厘米,厚 0.8 厘米;孔外径 2.4 厘米,孔内径 2.0 厘米

038-7 唐家角遗址 2023M19:8
长 15.5 厘米,刃宽 15.8 厘米,厚 0.75 厘米;孔外径 5.3 厘米,孔内径 4.9 厘米

　　青灰色。整器扁薄均匀。平面呈"风"字形,顶端磨痕明显,顶端缘有残损,近顶端微斜刹趋薄,双向管钻孔,双面弧刃。

038 - 1

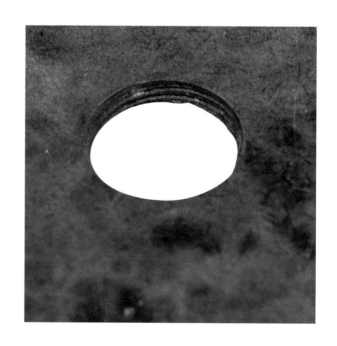

038 - 2

038 - 3

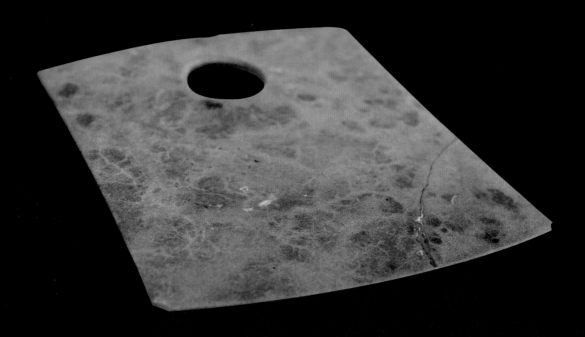

038-4

038-5

038 - 6

038 - 7

039 石钺

良渚文化

唐家角遗址 2023M19:3

长 17.0 厘米, 刃宽 12.9 厘米, 厚 1.8 厘米; 孔外径 4.0
厘米, 孔内径 3.5 厘米

　　青白色杂花色。通体扁薄, 中部略厚。
平面呈舌形, 顶端缘有残损, 近顶端微斜刹
趋薄, 双向管钻孔, 双面弧刃。

040-1

040-2

040 石刀

良渚文化

040-1 唐家角遗址 2023T0606 ⑧:1
长 23.1 厘米，宽 9.5 厘米，厚 0.3 厘米

　　青灰色，局部已风化。厚薄较均匀。刃部居下，尾部磨平。

040-2 唐家角遗址 2023T0606 ⑧:2
长 27.4 厘米，宽 9.0 厘米，厚 0.3 厘米

　　青灰色，风化较为严重。厚薄较均匀。细长刃，刃部居上。

040-3 唐家角遗址 2023T0606 ⑧:3
长 24.8 厘米，宽 9.9 厘米，厚 0.3 厘米

　　青灰色，风化较为严重。厚薄不均。刃部位置不明。

040-4 唐家角遗址 2023T0606 ⑧:4
长 24.8 厘米，宽 9.9 厘米，厚 0.3 厘米

　　青灰色，风化较为严重。厚薄不均，刃部位置不明。

040 - 3

040 - 4

黄泥山北遗址

黄泥山北遗址位于昆山市巴城镇才清路西、登高路东侧。2021年4月至12月，苏州市考古研究所对其进行考古发掘工作。发掘区距西南的黄泥山遗址约400米，二者有较密切的关联。特别是D2发掘区域发现的新石器时代墓葬，为研究本区域新石器时代文化提供了新材料。

041 陶盖罐

崧泽文化

黄泥山北遗址 2021M9：5（罐）、21（盖）

盖：口径 7.2 厘米，高 3 厘米

罐：口径 8 厘米，腹径 13.5 厘米，底径 8 厘米，高 9.8 厘米

通高 12.8 厘米

　　泥质灰陶。盖盘状，上部有条状捉手。罐直口，束颈，鼓折腹，下腹斜收至底，花瓣状圈足。颈部饰有刻划纹，腹部有多道凸棱。

042 陶盖罐

崧泽文化

黄泥山北遗址 2021M9：8

盖：口径 10.8 厘米，纽径 3.4 厘米，高 4.5 厘米

罐：口径 10.8 厘米，腹径 18.5 厘米，底径 13.5 厘米，

　　高 14.5 厘米

通高 18.5 厘米

　　泥质灰陶。盖盘状，上部有圈足形捉手。罐直口微敞，束颈，弧肩，折腹，下腹斜收，圈足粗矮略外撇。腹部饰有一道凸棱，圈足镂刻四组圆孔和戳点纹图案。

043 玉璜

崧泽文化
黄泥山北遗址 2021M24:1
长 8.4 厘米，宽 3.2 厘米，厚 0.3 厘米

青玉，表面泛灰白色沁。半璧形，身扁平，两端各有一可穿系的小孔。琢磨较精。

044 玉璜

崧泽文化
黄泥山北遗址 2021M25:6
长 10.4 厘米，宽 3.2 厘米，厚 0.3 厘米

青玉，杂黄褐斑，局部泛灰白色沁。半璧形，身扁平，弧形边缘较薄，两端各穿一孔。器表琢磨光滑。

045 玉璜

崧泽文化
黄泥山北遗址 2021M25：19
长 5.2 厘米，宽 2.5 厘米，厚 0.6 厘米

青玉，杂黄褐斑，局部泛灰白沁。扁平圆弧形，两端琢成对称的凹缺。

046 玉璜

崧泽文化
黄泥山北遗址 2021TN2E1 ⑤：1
长 5.4 厘米，宽 3 厘米，厚 0.3 厘米

米黄色，大部分沁蚀为白色。半璧形，身扁平，两端各穿一孔。残裂较甚。

047 玉
环

崧泽文化
黄泥山北遗址 2021M16:5
外径 2.8 厘米，内径 1.3 厘米，厚 0.2 厘米

　　青灰玉，有褐色紫斑，局部泛灰白沁。
圆环形，边缘有残缺。器表琢磨光滑。

048 玉
环

崧泽文化
黄泥山北遗址 2021TN1E2 ⑦:1
外径 3 厘米，内径 1.6 厘米，厚 0.3 厘米

　　青玉，局部泛灰白沁。圆环形，造型规
整。通体素面。

049 玉
　　坠

崧泽文化
黄泥山北遗址 2021M15∶2
长 2.8 厘米，宽 1.8 厘米，厚 0.3 厘米

　　青玉，表面泛灰白色沁。三角形，顶端
有一穿孔。

050 玉
　　坠

崧泽文化
黄泥山北遗址 2021M25∶17
长 3.8 厘米，宽 2.1 厘米，厚 0.2 厘米

　　青玉，表面泛灰白沁。不规则三角形，
顶端有一穿孔，下部呈凹弧形。

051 玉
　　片

崧泽文化
黄泥山北遗址 2021M16∶6
长 4.2 厘米，宽 2 厘米，厚 0.4 厘米

　　青玉，表面泛灰白沁。不规则三角形。
顶端有两条琢磨痕。

052 石
钺

崧泽文化

黄泥山北遗址 2021M10:6

长 15.8 厘米，刃宽 10.5 厘米，厚 0.8 厘米，孔径 1.8 厘米

青灰色。整器扁薄均匀。平面呈"风"字形，上窄下宽，顶端微斜刹趋薄，双向管钻孔，底端刃部可见打磨修整为双面弧刃。通体磨制光滑。

朱墓村遗址

朱墓村遗址位于昆山市高新技术产业区姜巷村南。2013年至2015年，苏州市考古研究所对遗址进行了三次考古发掘。通过发掘，确认朱墓村遗址为良渚文化时期人工堆筑的祭坛与高台墓地，也是一处由多个独立的良渚文化遗址土台组成的大型聚落。发掘揭示出四周环河的聚落中心与水稻田遗迹，为研究良渚文化时期稻作农业发展、聚落形态研究提供了重要的实物资料。

参考文献：

◆ 苏州市考古研究所、昆山市文物管理所：《江苏昆山朱墓村遗址发掘简报》，《东南文化》2014年第2期。

陶双鼻壶

良渚文化

朱墓村遗址 2014M40：5

盖：口径 4.4 厘米，底径 6.2 厘米，高 4.2 厘米

壶：口径 6.8 厘米，腹径 8.8 厘米，底径 7.3 厘米，
　　高 11.6 厘米

通高 15.4 厘米

　　泥质陶，壶身呈灰色，壶盖呈黑色。均素面。盖纽呈喇叭状，较粗大。壶为贯耳壶，敞口，圆唇，高颈。口沿两侧有一对筒状圆形直耳，中空，俗称"贯耳"。颈部与腹部之间有一道折沿，扁鼓腹，圈足。

054　石「耘田器」

良渚文化

朱墓村遗址 2014M39：7

长 7.3 厘米，宽 3.6 厘米，厚 0.3 厘米

　　青灰色。磨制精细，厚薄均匀。双面弧刃，正锋。背部平直，两端略微上翘。器身上部有一钻孔。

055 石刀

良渚文化
朱墓村遗址 2014HD5:1
长 21.3 厘米，宽 7.2 厘米，厚 1 厘米

青灰色。厚薄不均。器身呈长方形，直刃直背，刃部居下。

056 石刀

良渚文化
朱墓村遗址 2014TN25E17 ③:4
长 15.6 厘米，宽 4.6 厘米，厚 1.2 厘米

　　青灰色。厚薄不均。刃部位置居下，尾部有残损。

057 石铲

良渚文化
朱墓村遗址 2014TN7W8 ⑤:6
长 25.5 厘米，宽 17.5 厘米，厚 1.2 厘米

　　青灰色。长柄，窄肩，弧刃，刃部有残损。

058 石凿

良渚文化
朱墓村遗址 2014TN10W8 ④：2
长 18.8 厘米，宽 3.4 厘米，厚 4 厘米

　　灰色。器身为四面体，体细长，上宽下窄，刃部略弧，双面开刃。

彭家墩遗址

彭家墩遗址位于苏州市吴中区木渎镇五峰村附近，地处一"几"字形山间盆地的北侧，长约110米，宽约85米，高出周围地面约2米。2009年，中国社会科学院考古研究所联合苏州市考古研究所对苏州木渎盆地进行区域系统调查，2010年至2011年对彭家墩遗址进行发掘，发掘面积约1600平方米，发现了良渚文化时期、汉代、宋代及明清时期遗迹和文化层。目前共发掘不同时期墓葬21座、灰坑17座、房址4处等遗迹，出土器物200余件。最重要的发现是良渚文化时期遗存，有墓葬10座、房址4处。

在发掘中也出土了许多石制品，有石制品成型工具、半成品、毛坯、石片等不同生产阶段的产品，数量庞大。结合盆地内其他遗址点的发现，可能预示着木渎盆地及周边存在有延续时间较长的大型石料产地和加工地点。

彭家墩 M5

良渚文化时期墓葬M5为长方形竖穴土坑墓，墓向195°。墓口长约2.75米、宽约0.9米；墓底长约2.25米、宽约0.7米；墓壁斜直内收，深约1.15米。墓底有一平面近似长方形的青灰色淤土，与填土分界清晰，加之随葬品分布其中，可推测其应为棺的范围。尸骨腐朽严重。出土遗物23件，分别为玉管10件、半圆形玉器1件、玉镯1件、玉戒指1件、玉珠2件、石钺1件、陶纺轮1件、陶鼎2件、陶盆1件、陶豆2件、陶簋1件。出土陶器较为疏松，对部分陶器整体打包，在室内进行清理。

彭家墩 M5 出土玉石器

彭家墩 M5（南—北）

彭家墩 M5 玉镯、玉戒指出土情况

059 玉镯

良渚文化
彭家墩遗址 2010M5:10
外径 8.9 厘米，内径 6.2 厘米，宽 2.1 厘米

　　青白色，间杂淡黄、暗绿斑纹。器身较
重，棱角分明。

良渚文化

060-1 彭家墩遗址 2010M5：1
长 1.3 厘米，直径 0.9 厘米，孔径 0.3 ~ 0.4 厘米

白色，夹杂黄色。圆柱形，两端不平整。表面有若干纵向平面。中间对穿孔。

060-2 彭家墩遗址 2010M5：2
长 1.2 厘米，直径 1 厘米，孔径 0.32 ~ 0.4 厘米

黄色，夹杂白色。圆柱形，两端不平整，端面有数道弧线形痕迹。表面有若干纵向平面，较光滑。中间对穿孔，钻孔对位欠准确。

060-3 彭家墩遗址 2010M5：3
长 1.1 厘米，直径 0.9 厘米，孔径 0.4 ~ 0.45 厘米

白色。圆柱形，两端不平整。表面有若干纵向平面，中部有一处椭圆形凹陷。中间对穿孔。

060-4 彭家墩遗址 2010M5：4
长 1.2 厘米，直径 0.95 厘米，孔径 0.35 ~ 0.45 厘米

白色。圆柱形，两端不平整。表面有若干纵向平面，一侧有一竖向凹槽，器身一面上有一处凹陷和一处磕损痕迹。制作较为粗糙。

060-5 彭家墩遗址 2010M5：5
长 1.15 厘米，直径 1 厘米，孔径 0.3 ~ 0.35 厘米

整体青绿色，夹杂黄色和白色。圆柱形，两端不平整，一端端面有一横向凹槽。表面有若干纵向平面，打磨较为精细。中间对穿孔，钻孔对位欠准确。

060-6 彭家墩遗址 2010M5：8
长 1.5 厘米，直径 1.2 厘米，孔径 0.4 ~ 0.46 厘米

白色。圆柱形，两端不平整，端面有若干处磕损痕迹。表面有若干纵向平面。中间对穿孔。

060-7 彭家墩遗址 2010M5：9
长 2.6 厘米，直径 1.2 厘米，孔径 0.46 ~ 0.5 厘米

青绿色。圆柱形，两端不平整，一端有一处缺损痕迹。表面有若干纵向平面及一竖向凹槽，打磨较为精细。中间对穿孔。

060-8 彭家墩遗址 2010M5：12
长 1.2 厘米，直径 0.88 厘米，孔径 0.3 ~ 0.5 厘米

黄色，夹杂白色。圆柱形，两端不平整，端面有数道弧线形痕迹和一处磕损痕迹。表面打磨较光滑，有若干纵向平面和一道竖向凹槽。中间对穿孔，钻孔对位欠准确。

060-9 彭家墩遗址 2010M5：14
长 1.1 厘米，直径 1.04 厘米，孔径 0.36 ~ 0.4 厘米

青绿色，夹杂白色。圆柱形，两端不平整，一端有一道裂痕及数道弧线形痕迹。表面有若干纵向平面，表面与一端端面交界处有一处缺损。中间对穿孔，钻孔对位欠准确。

060-10 彭家墩遗址 2010M5：15
长 1.5 厘米，直径 1.1 厘米，孔径 0.37 ~ 0.39 厘米

白色，夹杂黄色。圆柱形，两端不平整，端面有数道弧线形痕迹和磕损痕迹，一端端面有一横向凹槽。表面打磨较光滑，有一处磕损痕迹。中间对穿孔。

060-1

060-2

060-3

060-4

060-5

060-6

060-7

060-8

060-9

060-10

061 玉戒指

良渚文化
彭家墩遗址 2010M5:11
外径 2.4 厘米, 内径 1.7 厘米, 厚 0.3 厘米

　　青绿色，夹杂黄色。环形。端面平整，有一处磕损痕及数道弧线形痕迹。外壁微弧，打磨圆润。孔内留有若干道切割旋线。

062 半圆形玉器

良渚文化
彭家墩遗址 2010M5:6
长 3.56 厘米, 宽 2.3 厘米, 厚 0.3 厘米

　　白色，夹杂灰绿色。半圆形，边缘薄而中部厚。上部左、右两侧各对钻一个小圆孔。上端中部有一半圆形管钻旋痕划过一个小圆孔，推测为制作璜中心部位的凹缺时钻孔错位到圆孔处。顶端面有多道斜向切割痕。

063 玉隧孔珠

良渚文化
彭家墩遗址 2010M5:7
直径 1.5 厘米，厚 0.9 厘米，孔径分别为 0.22 厘米和 0.3 厘米

　　白色。半球形。平面钻有两相通隧孔，球面侧边有若干纵向平面及一处凹陷。

064 石钺

良渚文化
彭家墩遗址 2010M5:13
长 11.8 厘米，宽 9.3 厘米，孔径 1.7 厘米，厚 1.2 厘米

　　青灰色，间杂黄色斑纹。整器扁薄均匀。弧顶，弧刃较长，两腰斜平齐，顶端缘和底端缘均有残损，近顶端微斜刹趋薄，上部有一双向对钻穿孔。

彭家墩
M10

良渚文化时期墓葬M10亦为长方形竖穴土坑墓，墓向20°。墓室残长2.40米，东西宽1.45米，墓壁较直，深0.67米。根据二层台的形状判断葬具为一棺。仅在棺北部存尸骨碎块，故头向和葬式不详。出土遗物27号，分别为玉璧2件、玉管4件、玉锥形器2件、象牙器1件、漆器1件、玉嵌片2件、玉纺轮1件、玉珠7件、陶壶1件、陶宽把杯3件、陶器2件、陶罐1件。

彭家墩 M10

彭家墩 M10 出土玉石器

彭家墩 M10 玉璧、玉管出土情况

彭家墩 M10 玉璧、玉锥形器出土情况

065 玉璧

良渚文化
彭家墩遗址 2010M10：1
直径 13.8 厘米，孔径 3.2 厘米，厚 1.5 厘米

　　青灰色，略有土沁。器表琢磨光滑，无纹饰，表面微有残损。好系用管钻两面对钻而成，肉宽大于好径。

066 玉璧

良渚文化
彭家墩遗址 2010M10:6
直径20厘米，孔径4厘米，厚1.5厘米

　　青白色，间有暗绿、青褐色斑纹，略有土沁。器表琢磨光滑，无纹饰，表面微有残损。好系用管钻两面对钻而成，肉宽大于好径。

玉
锥
形
器

良渚文化

067-1 彭家墩遗址 2010M10:7
长 9.4 厘米，直径 0.8 厘米

067-2 彭家墩遗址 2010M10:8
长 20.5 厘米，直径 0.8 厘米

　　乳白色，器表略有土沁。整器制作规
整，器表经高度抛光。圆柱形，一端钝尖，
另一端有一凸榫并钻有一孔。

067-1

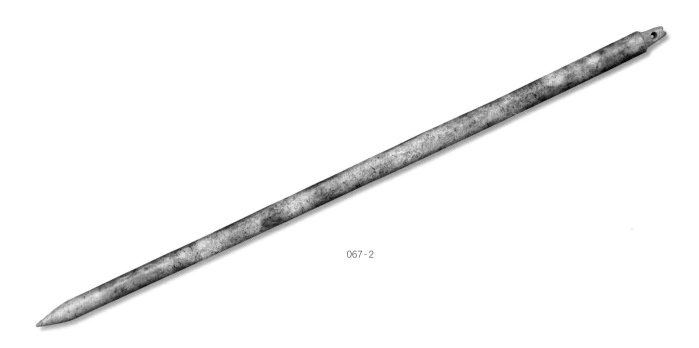

067-2

068-1

068 玉管

良渚文化

068-1 彭家墩遗址 2010M10：3
长 1.95 厘米，直径 1.36 厘米，孔径 0.35 ～ 0.4 厘米

黄色，夹杂白色。圆柱形，两端平整光滑，端面均有磕损。表面有若干纵向平面和一处横向凹槽。中间对穿孔。

068-2

068-2 彭家墩遗址 2010M10：4
长 2.9 厘米，直径 1.35 厘米，孔径 0.5 厘米

白色，夹杂黄色，质地疏松。圆柱形，一端断裂。表面有若干纵向平面，打磨光滑。中间对穿孔。

068-3

068-3 彭家墩遗址 2010M10：5
长 2.5 厘米，直径 1.3 厘米，孔径 0.45 ～ 0.65 厘米

黄色，夹杂白色和青绿色。圆柱形，两端端面有打磨痕迹。表面光滑圆润。中间对穿孔，钻孔对位欠准确。

068-4 彭家墩遗址 2010M10：9
长 0.85 厘米，直径 0.8 厘米，孔径 0.25 ～ 0.3 厘米

白色。圆柱形。两端端面一侧平整，一侧倾斜。表面光滑圆润。中间对穿孔。

068-4

069-1

069-2

069-3

069-4

069-5

069 　玉珠

良渚文化

069-1　彭家墩遗址 2010M10：2
长 1.55 厘米，直径 1.4 厘米，孔径 0.45 ~ 0.47 厘米

　　黄色，夹杂白色。圆柱形，两端平整光滑，一端端面有一处磕损。表面有若干纵向平面。中间对穿孔，钻孔对位欠准确，一面钻进深度过大，两侧孔径大小不一。

069-2　彭家墩遗址 2010M10：13
长 0.9 厘米，直径 0.8 厘米，孔径 0.25 ~ 0.3 厘米

　　白色。鼓形，两端磨成弧状。表面光滑圆润。中间对穿孔。

069-3　彭家墩遗址 2010M10：14
长 1.3 厘米，直径 1.25 厘米，孔径 0.4 厘米

　　红褐色，一端呈现灰白色。鼓形，两端端面不平整，打磨痕迹明显。表面有若干纵向平面，制作较粗糙。中间对穿孔。

069-4　彭家墩遗址 2010M10：23
长 1.5 厘米，直径 1.4 厘米，孔径 0.4 ~ 0.55 厘米

　　红褐色，夹杂白色和黑色筋条。整体为较扁圆柱形，两端端面不平整，打磨痕迹明显。表面有若干纵向平面，较平一面有一处竖向凹槽，另一面有一处凹陷和划损痕迹，制作较粗糙。中间对穿孔。

069-5　彭家墩遗址 2010M10：25
长 1.1 厘米，直径 1.3 厘米，孔径 0.45 厘米

　　灰白色，夹杂红褐色。整体为较扁圆柱形，两端端面不平整，打磨痕迹明显。表面有若干纵向平面，较平一面有一处竖向凹槽，另一面有一处凹陷和划损痕迹，制作较粗糙。中间对穿孔。

070 玉嵌片

良渚文化

070-1 彭家墩遗址 2010M10：11-1
直径 0.95 厘米，厚 0.4 厘米

　　表面有玻璃状光泽。平面呈半圆形，有一竖直断面。正面弧凸，缺口处光滑。背面平整，有打磨痕迹。

070-1

070-2 彭家墩遗址 2010M10：11-2
直径 1 厘米，厚 0.4 厘米

　　表面呈浅黄色。平面呈圆形，正面弧凸，边缘圆润。背面平整，有打磨痕迹。

070-2

071 玉纺轮

良渚文化
彭家墩遗址 2010M10：12
外径上 2.8 厘米，外径下 3.3 厘米，厚 1.4 厘米，孔径 0.4 厘米

　　鸡骨白色，质地酥松。圆台形，中部对穿一孔。

072 玉镯

良渚文化

彭家墩遗址 2010M8：1

外径 6.7 厘米，内径 5 厘米

　　白色，间杂淡黄色斑纹。整体呈圆形，
表面打磨光洁，外壁圆润，内壁棱角分明。

073 | 石钺

良渚文化

彭家墩遗址 2010M7:3

长 15.5 厘米，宽 15.2 厘米，孔径 2.7 ~ 3.1 厘米，
厚 1 厘米

　　青灰色，间杂淡黄色斑纹。通体扁薄均
匀，磨制精细。平背，斜弧刃较长，刃口锋
利，两腰斜平齐，底端缘有残损，近顶端微
斜刹趋薄，上端有双向管钻孔。

其他
遗址

| 074 | 石
| | 斧

崧泽文化

吉熙苑 2018TN01E02 ⑦：6

长约 25 厘米，宽约 20 厘米

打制成型。平面呈不规则形，刃部磨光。

075 陶
罐

崧泽文化
合丰下场遗址 2014M31:7
口径 9.3 厘米，腹径 14 厘米，高 11.8 厘米

　　泥质灰陶，石灰色。撇口，束颈，溜
肩，折腹，下腹斜收至圜底，底部为三个三
角形矮足。腹中部有两道凸弦纹，其上设有
三个系，小巧精致。

彩绘陶罐

崧泽文化

076-1 塘北遗址 2022SWTBJ13：3
口径 8.3 厘米，底径 6.7 厘米，高 17.2 厘米

076-2 塘北遗址 2022SWTBJ13：6
口径 7.6 厘米，底径 6.5 厘米，高 12.8 厘米

076-3 塘北遗址 2022SWTBJ13：5
口径 8.4 厘米，底径 7.9 厘米，高 16.6 厘米

　　泥质灰陶。直口微侈，方圆唇，折肩，斜直腹，圈足略外撇。饰彩绘。

076-1

076-2

076-3

077 带流陶壶

崧泽文化
塘北遗址 2022SWTBJ13：1
口径 11.5 厘米，底径 11 厘米，高 18.5 厘米，含流
高 22.5 厘米

　　泥质黑陶。直口，方唇，斜肩，斜直腹
略弧，圈足略外撇。口部一侧有一宽流，另
一侧腹壁有一宽把（已残）。

078 陶罐

良渚文化
群星遗址 2020J11：1
含流高 18.2 厘米，底径 9.8 厘米，嘴到口沿（远）
17.9 厘米

　　夹砂黄褐陶。敛口，圆弧肩，深弧腹，平底。口沿一侧有一上翘宽流，另一侧有一环形把手，厚重。腹中部饰有数道凹弦纹。

夏商周

时 | 期 | 遗 | 物

塘北遗址

塘北遗址位于苏州市吴中区郭巷街道，地处通达路东侧、廷琛路北侧、墅浦路西侧，现存总面积约23万平方米。2022年，苏州市考古研究所对该遗址进行首次发掘，发掘面积1100平方米；2023年，塘北遗址转为主动性发掘项目，由苏州市考古研究所、国家文物局考古研究中心、上海大学考古学与博物馆学系等单位联合发掘，发掘面积800平方米。累计发现各类遗迹760余处，出土器物800多件（组），主体年代为崧泽文化至春秋时期，又以马桥文化遗存为特色。

塘北遗址发现的马桥文化、"后马桥文化"、西周至春秋时期的遗存，较为完整地呈现了太湖东部地区夏商周时期的文化发展序列，为完善环太湖地区青铜时代文化谱系提供了新的佐证，也将对研究吴越文化的起源、苏州地区逐渐融入中华民族一体化发展的华夏化进程等具有推动作用。

079 鸭形陶壶

马桥文化
塘北遗址 2022H217:1
底径 6 厘米，残高 11.5 厘米

　　印纹硬陶，褐色，局部红色。整器形似鸭禽，口残，长颈，扁鼓腹，背部桥形耳残缺，圈足外撇。

080 陶三足盘

马桥文化
塘北遗址 2022H150:2
口径 24.6 厘米，高 13 厘米

　　夹砂红陶。敞口，圆唇，斜直壁，下附三宽扁足。

081 陶豆

马桥文化

塘北遗址 2022SWTBJ7：1

口径 14.7 厘米，底径 12.5 厘米，高 10.2 厘米

　　泥质灰陶。侈口，尖圆唇，弧腹，喇叭形圈足。

082 陶尊

马桥文化

塘北遗址 2022SWTBJ7：2

口径 13.1 厘米，残高 14.9 厘米

　　泥质灰陶。侈口，尖圆唇，束颈，溜肩，鼓腹略下垂，圜底，圈足缺失。

083 双耳陶罐

战国时期
塘北遗址 2022SWTBJ9∶5
口径 6.7 厘米，底径 7.6 厘米，高 7.5 厘米

　　泥质黑陶。侈口，圆唇，束颈，弧肩，肩上两桥形耳，鼓腹，平底。

084 双耳陶罐

战国时期
塘北遗址 2022SWTBJ9∶8
口径 7.5 厘米，底径 12.3 厘米，高 12.6 厘米

　　泥质黑陶。直口微侈，方唇，溜肩，肩上两桥形耳，垂鼓腹，平底，底附三乳丁足。外腹遍饰凹凸弦纹。

俞墩遗址

　　2012年3月，苏州市考古研究所对苏州阳山俞墩遗址进行了发掘，共发现墓葬7座、器物群1处及大量的随葬品。墓葬时代跨度涵盖了马桥文化、西周、春秋多个时期，包含了竖穴岩坑墓、竖穴土坑墓、石床型土墩墓等墓葬形制。其中，M7属于马桥文化时期，为苏州首次发现；M6为西周中晚期的竖穴岩坑墓，是土墩中心位置的高等级贵族大墓。

参考文献：

◆ 苏州市考古研究所：《苏州阳山俞墩土墩墓发掘简报》，《东南文化》2012年第4期。

085 陶鼎

马桥文化

俞墩遗址 2012M7：7

口径 20.2 厘米，腹径 22 厘米，高 23 厘米

　　夹砂橙黄陶，局部有烟炱痕。带盖。
侈口，圆唇，束颈，圆弧腹，圜底，下
附三舌形足。颈以下饰竖向绳纹。

086 陶簋

马桥文化

俞墩遗址 2012M7：13

口径 16.4 厘米，腹径 16.8 厘米，底径 10.8
厘米，高 11.6 厘米

　　泥质灰陶。窄平沿，方唇，垂
腹，下部内收，平底，喇叭形圈足。
颈部、腹部各有三道弦纹。

印纹硬陶瓮

马桥文化
俞墩遗址 2012M7：1
口径 26.4 厘米，腹径 42 厘米，底径 14 厘米，高
44 厘米

　　深灰色。平折沿，圆唇，高领，广
肩，长弧腹，平底略内凹。沿面与颈部饰
凹弦纹，颈以下通体饰连笔变体云雷纹，
纹饰重叠。肩部四等分相对各饰錾耳与堆
塑半圆形装饰片。

088 印纹硬陶罐

马桥文化
俞墩遗址 2012M7：4
口径 12.7 厘米，腹径 18 厘米，底径 7.3 厘米，高
14.6 厘米

　　灰色。平折沿，圆唇，矮领，鼓腹，
平底内凹。沿面上有三道凹弦纹，颈以下
通体饰变体云雷纹，纹饰重叠错乱。

089 | 印纹硬陶罐

西周时期

俞墩遗址 2012M5：1

口径 8 厘米，腹径 25.2 厘米，底径 18.6 厘米，高
20.8 厘米

　　深褐色。小口内敛，斜领，溜肩，肩部
捏塑有一对动物形耳，器身呈球形，平底抛
边。颈部饰八道凹弦纹，通体饰曲折纹。

090 印纹硬陶罐

西周时期

俞墩遗址 2012M4：3

口径 10.8 厘米，腹径 14 厘米，底径 9.4 厘米，高 7.6 厘米

　　棕红色。折沿，方唇，束颈，扁圆腹，底部
边缘棱角抹去，中心内凹。颈部饰三道细凹弦纹，
器身饰变体曲折纹。

091 印纹硬陶罐

春秋时期

俞墩遗址 2012Q1：3

口径 9.2 厘米，腹径 18 厘米，底径 13.8 厘米，高 9.8
厘米

　　深褐色。敛口，圆唇，颈部微凹，溜肩，扁圆腹，最大腹径偏下，平底略内凹。通体饰斜向叶脉纹。

092 原始瓷豆

西周时期

俞墩遗址 2012M2：1

口径 16.8 厘米，底径 8.2 厘米，高 8.2 厘米

　　通体施黄釉，略有剥落。直口，方唇，斜弧腹，喇叭形圈足。盘外壁饰多道凹弦纹，盘内底中心与外圈各饰十多道细弦纹，其间另有竹篾刮痕。

093 原始瓷豆

西周时期

俞墩遗址 2012M2：3

口径 17.2 厘米，底径 8 厘米，高 8 厘米

　　通体施青绿色釉，施釉厚薄不匀，釉厚处颜色较深，釉薄处颜色较浅，因而器表呈现豹斑状釉色效果。直口，方唇，斜弧腹，喇叭形圈足。盘外壁饰多道凹弦纹。

094　原始瓷豆

西周时期

俞墩遗址 2012M4:1

口径 8.7 厘米, 底径 5.4 厘米, 高 6.5 厘米

　　原施青黄釉, 被土沁后釉层脱落, 呈青灰色。口微敛, 无领, 上腹鼓, 下腹斜收, 喇叭形圈足。口沿至腹部饰多道凹弦纹。

095　原始瓷豆

西周时期

俞墩遗址 2012M4:2

口径 10.2 厘米, 底径 5.7 厘米, 高 6.5 厘米

　　通体施青黄釉, 釉色莹润。敛口, 圆唇, 折肩, 斜弧腹, 喇叭形圈足。口沿至肩部饰三道凹弦纹。

096 原始瓷罐

春秋时期
俞墩遗址 2012Q1:2
口径12.9厘米，腹径17.2厘米，底径9厘米，高7.5
厘米

　　口微敛，溜肩，有泥捏桥形耳一对，
鼓腹，下腹斜收，底边棱角削去，中心微
内凹。肩部饰水波纹，内底饰旋纹。

合丰下场遗址

为解决苏州木渎古城的年代，构建本地考古学文化序列，对合丰下场遗址进行发掘。下场遗址又称乌龟墩遗址，位于合丰村下场村西，在合丰小城的西南角，包括D164、D165、D166及之间的平地。遗址西侧和南侧为公路破坏，东侧和北侧为村庄所占压，现存部分南北长约160米，东西宽约100米，面积约1.6万平方米。在地面上采集有汉代、周代和新石器时代遗物。通过发掘，在T13内发现一组较为重要的层位关系：⑤—⑥—H2—⑦—H3—⑧—H4、H5。其中⑤层为汉代堆积，⑥层、H2和⑦层为东周时期堆积，H3、⑧层、H4和H5为良渚时期堆积。在各层堆积中出土丰富的遗物，从而为构建本地东周时期的考古学文化序列提供了基础材料。此外在⑧层内出土有大量石器加工遗物，包括成品、半成品、废品、毛坯、石片等，产品主要是石铲、锛和刀。对这批材料的深入研究，将有助于良渚时期石器加工工艺及社会组织结构等问题的深入认识。

参考文献：

◆ 中国社会科学院考古研究所、苏州市考古研究所苏州古城联合考古队：《江苏苏州市木渎春秋城址》，《考古》2011年第7期；《苏州木渎古城考古的主要收获》，《苏州文博论丛》，文物出版社，2011年；《苏州木渎古城2011—2014年考古报告》，《考古学报》2016年第2期。

097 陶
　　鼎

马桥文化

合丰下场 2013M31：9

口径 14.4 厘米，高 12.8 厘米

　　夹砂灰褐陶。口微外撇，圆唇，束颈，斜弧腹，圆底，三凿形足稍外撇。器体微斜，器口略不规整，器足受土沁较重。

098 陶
　　罐

春秋时期

合丰下场遗址 2014M72：6

口径 7.9 厘米，底径 7.7 厘米，高 9.8 厘米

　　泥质灰陶。侈口，圆唇，束颈，溜肩，直筒腹，平底。腹上、中部各饰一道凹弦纹，其间饰有数道水波纹。

099 铜杯

春秋时期
合丰下场遗址 2014M62：8
口径 14.3 厘米，底径 8.3 厘米，高 7.5 厘米

　　整体受土沁和腐蚀较严重。直口微撇，直弧腹，矮圈足。器壁上部有一圆弧形錾耳，腹部饰有两道凸弦纹。

馒首山遗址

馒首山位于苏州高新区科技城东渚镇西北，太湖大道以南。地处南北走向、长325米的鲍家山脉主峰上，海拔59米，为一馒头状的土墩，故称馒首山。土墩顶部东西长7米，南北宽5.4米；底部东西长32米，南北宽30米，高5米左右，分布面积约1000平方米。2008年，全国第三次文物普查时发现该土墩。

2012年4月中旬至6月，苏州市考古研究所对该土墩进行了抢救性发掘。整个土墩堆积共四层，除表土层外，其余均为墓葬封土层。土墩内发现墓葬2座，分别编号D1M1、D1M2。其中D1M1开口于第3层下，D1M2开口于第4层下。两墓结构不同，D1M1为南、北两边用石块堆砌石墙的石室土墩墓，D1M2为四周用大小不一的石块堆筑成墓壁的石椁墓。D1M1曾遭到破坏，出土器物32件；D1M2保存完整，出土器物40件。从器物形制、纹饰等方面考察，墓葬年代为西周时期。

在同一座土墩内出现两种不同形式的西周墓葬，这在苏州地区还是首次发现，为研究西周时期墓葬形制与埋葬习俗提供了新的实物资料。

参考文献：

◆ 苏州市考古研究所、苏州高新区教育文体局：《江苏苏州高新区东渚馒首山土墩墓发掘简报》，《东南文化》2013年第5期。

馒首山
2012SGMD1M1

D1M1为石室墓，东西向，西面为后壁，东面为通道口，墓向79°。通长15.1米，底宽2.2~2.7米。石室顶部被早期破坏，南、北两边石墙上的大部分石块在20世纪七八十年代被村民取走建房，仅残剩墓底三四层石块，高0.5~1.1米。石室内出土遗物32件，其中原始瓷器17件，有豆13件、盂1件、罐3件；印纹硬陶器12件，有罐4件、坛3件、器盖2件、瓮3件；泥质陶器3件，有罐2件、澄滤器1件。

西周时期

馒首山遗址 2012SGMD1M1：6、7

盖：直径 15.6 厘米，高 4.1 厘米

坛：口径 10.2 厘米，腹径 30.6 厘米，底径 20 厘米，高 30 厘米

　　盖灰褐色。覆钵形。盖面用竹篾划十字交叉及圆角方形框图案，交叉点为盖中心，上有一纽，已残缺；十字交叉四"脚"穿过方框，整个图案象征房屋的顶。坛深褐色。小口内敛，斜颈，广肩，深弧腹，平底，底边略外撇。通体饰曲折纹与"回"字组合纹，颈部饰弦纹；从肩至近底部四等分相对各堆塑龙、蛇一对；底部刻划"X"形符号。

101 印纹硬陶瓮

西周时期

馒首山遗址 2012SGMD1M1:8

口径 19 厘米，腹径 31 厘米，底径 18.2 厘米，高 37.5 厘米

棕色。侈口，方唇，束颈，深弧腹，最大腹径偏上，下腹斜收，平底。通体饰曲折纹与"回"字组合纹。

102 原始瓷罐

西周时期

馒首山遗址 2012SGMD1M1：21

口径 19 厘米，腹径 30 厘米，底径 10.8 厘米，高 23.2 厘米

器表及内壁施一层青绿色釉，施釉不均匀，多有溃釉；器腹壁脱釉，露胎较多，外腹壁釉色显得斑驳。盘形口微敞，沿面内斜，外壁内凹，束颈，鼓腹，最大径在腹中部，下腹斜收，小平底。

103 原始瓷罐

西周时期

馒首山遗址 2012SGMM1：24

口径 18.2 厘米，腹径 24.8 厘米，底径 11 厘米，高 18.2 厘米

青绿色釉。盘形口微敞，束颈，削肩，折腹成棱，平底。盘口内饰凹弦纹，另有倒"V"形刻符；颈部至折腹处上、下各有二道凹弦纹，间饰三道呈带状的斜网格纹；下腹部上、下各有一道凹弦纹，间饰曲折纹；底部有"X"形阳文刻符。

馒首山
2012SGMD1M2

　　D1M2位于D1M1北面，相隔11米左右，为石椁墓，即在山体基岩上用碎石、泥土垫平后，四周用大小不一的石块堆砌成长方形石椁。墓向335°。长5.6米，宽3.4~3.5米，两端为弧形，侧边略微平行。东有一缺口，疑为墓道。随葬器物40件，均放置在西半部，分南、北两列。主要为印纹硬陶器，共30件，有瓮10件、罐16件、瓶3件、尊1件；原始瓷器共9件，有豆7件、尊2件；泥质陶器仅罐1件。

104 印纹硬陶瓮

西周时期

馒首山遗址 2012SGMD1M2：8

口径 27 厘米，腹径 42.5 厘米，底径 24 厘米，高 31.6 厘米

　　棕灰色。侈口，方唇，折沿，束颈，圆肩，上鼓腹，下弧腹，平底。颈部饰弦纹，肩部至下腹部饰云雷纹和凸方块纹。

105 印纹硬陶瓿

西周时期

馒首山遗址 2012SGMD1M2：27

口径 12.3 厘米，腹径 16.5 厘米，底径 14.3 厘米，
高 10.5 厘米

　　棕灰色。口微敞，卷沿，方唇，束颈，弧腹，器身最大径偏上，并逐渐下收，平底抛边。颈部饰凹弦纹，肩、腹部饰凸方块纹。

106 印纹硬陶尊

西周时期

馒首山遗址 2012SGMD1M2：30

口径 15 厘米，腹径 16 厘米，底径 12 厘米，高 10.2 厘米

　　棕褐色。大敞口，沿外翻，圆唇，高领，鼓腹，平底微内凹。底边缘线条分明。腹部饰云雷纹。

107 原始瓷豆

西周时期

馒首山遗址 2012SGMD1M2:13

口径 10.5 厘米，底径 6 厘米，高 7 厘米

通体施豆青釉，釉色匀润。直口，直壁，圈足，底边内削。豆盘外壁饰有多道凹弦纹。

108 原始瓷豆

西周时期

馒首山遗址 2012SGMD1M2:20

口径 15.4 厘米，底径 8 厘米，高 7 厘米

施青黄釉。口微敞，圆唇，把部从下往上逐渐内收呈阶梯状。豆盘外壁饰凹弦纹，盘内底中心和内底中部分别饰有两圈多道细弦纹，细弦纹之间另有横向划纹。

原始瓷尊

西周时期

馒首山遗址 2012SGMD1M2：12

口径 17.2 厘米，腹径 13.5 厘米，底径 8.4 厘米，高
13.2 厘米

　　青黄色，通体施黄釉，釉色匀润发亮。
敞口，尖唇，束颈，高领，扁鼓腹，底边内
削，喇叭形圈足。口沿上饰细密弦纹，颈、
腹部及圈足上饰凹弦纹。

大墩遗址

　　太湖以东的平原上，有小山南北向排列，从南向北为龙山、彭山、恩顾山、平王山、严山等。大墩遗址位于阳山以西，南距严山约200米，属苏州高新区科技城。2012年3月苏州市考古研究所对大墩遗址进行了抢救性考古发掘。土墩为长方形，东西长70米，南北宽50米，高2～3米。

　　土墩上部已被破坏，仅剩下部约50厘米的堆积。大墩为平地堆筑的土墩，墩体经多次堆筑。墩内共清理墓葬9座，坑状遗迹3处。下方有一长条形遗迹单位K3，形状颇似大型墓葬，但未发现有埋葬或其他行为，推测K3为一处未完成的长方形竖穴墓葬，带墓道。9座墓葬中，有4座春秋中晚期竖穴土坑墓，5座明清时期夫妻合葬墓。

参考文献：

◆ 苏州市考古研究所：《江苏苏州高新区大墩土墩遗存抢救性考古发掘报告》，《东南文化》2015年第5期。

110 陶鼎

春秋时期

大墩遗址 2010M1:6

口径 28 厘米，高 21.2 厘米

　　夹砂红陶。敞口，方唇，平折沿，双辫形立耳，弧腹，圜底，三柱足微外撇。器表布满烟炱痕迹。

111 陶鬲

春秋时期

大墩遗址 2010M1:12

口径 18.2 厘米，腹径 21.4 厘米，高 14.8 厘米

　　泥质红陶。敛口，小折沿，束颈，鼓腹，三实心足。肩腹结合处饰两周凹弦纹，腹部饰席纹。足部有削痕。

112 陶鬲

春秋时期

大墩遗址 2010TN2W2 ⑧:1

口径 23.5 厘米,残高 22.5 厘米

夹砂灰陶。敞口,方唇,折沿,束颈,弧腹,三袋状足。腹部饰绳纹。

113 原始瓷罐

春秋时期

大墩遗址 2010M3:1

口径 21.1 厘米,底径 21 厘米,高 21.8 厘米

灰白胎,通体饰青黄釉。敛口,方唇,圆肩,弧腹,下腹斜收,平底。颈部饰水波状凹弦纹,肩、腹部饰米筛纹。

华山遗址

　　2010年至2011年，苏州市考古研究所对华山遗址D15进行了抢救性发掘，清理发掘战国晚期至汉代墓葬8座。其中D15M5由山体下凿形成竖穴式墓坑，平面呈"甲"字形，墓口南北长3.4米，东西宽2.8米，深1.5米；南面有一条墓道，南北长3米，东西宽1.85米，深0.25~0.5米。墓内随葬器物大部分放在东侧边箱内，出土器物主要为陶器，有鼎、豆、钫、壶、匜、盆，以及陶郢爰、陶俑头和铜镜、玉璧等。

114 ┃ 陶郢爰

战国时期
华山遗址 2011D15M5:4

　　红褐色。方形，上面有相似的印痕。郢爰是楚国所通行的金币，"郢"是楚国都城之名，"爰"是重量名称。陶郢爰是仿制金郢爰的明器。

115 ┃ 陶豆

战国时期
华山遗址 2011D15M5:9
口径 15 厘米，底径 9.2 厘米，高 12.4 厘米

　　夹砂黄褐陶。口微敛，圆唇，深腹内收，细长柄，喇叭形平足。

战国时期

华山遗址 2011D15M8：12

底径 11.2 厘米，高 18.8 厘米，孔径约 2 厘米

　　青黄釉，已基本脱落殆尽。整器呈圆筒形，上部塑一兽首，耳、鼻、眼等五官及胡须清晰可见，兽嘴部有一孔，溜肩，斜直壁，平底。器身饰五组凹弦纹，每组两圈，间以水波纹，最后一组凹弦纹至壶底饰不规则曲折纹。

117 原始瓷罐

战国时期

华山遗址 2011D15M6：9

口径 11.2 厘米，腹径 18.2 厘米，底径 12.5

厘米，高 11.1 厘米

　　通体施青黄釉。侈口，圆弧肩，

斜腹，平底。肩上饰水波纹，以下饰

米筛纹。

118 原始瓷豆形盖罐

战国时期

华山遗址 2011D15M7：2

盖：口径 16.2 厘米，纽径 3.5 厘米，高 4.5 厘米

罐：口径 12 厘米，腹径 21.4 厘米，底径 12.8 厘米

通高 18 厘米

　　通体施青黄釉。器向一边倾斜变形。盖

弧顶，喇叭状捉手，敞口略直，平唇。罐矮

直口，溜肩，弧腹，平底，喇叭状足。

战国时期

华山遗址 2011D15M7：15

口径 6 厘米，腹径 16.5 厘米，高 19 厘米

通体施青绿釉。器形规整，形似青铜提梁盉。直口，广肩，圆弧腹，三兽蹄形矮足。肩部一侧有一龙首形假流，与之相对的另一侧装饰一贴塑兽尾，流与尾间有一象征龙体的拱形提梁，提梁上部有两段齿纹脊棱。器身饰三组弦纹，每组两道，每组弦纹间填饰排列整齐的刻划"S"形纹。

120 玉带钩

战国时期
华山遗址 2011D15M7：4
长 6 厘米，宽 1.7 厘米，高 2.4 厘米

　　白玉，玉质温润，部分受沁呈铁锈色。
做工细致。龙首，纽为刻有"赵"字人名的
方形印章。

121 玉璧

战国时期

华山遗址 2011D15M5：3

外径 14.3 厘米，内径 4.4 厘米，厚 0.45 厘米

　　暗红色，局部受沁呈白色。内、外近边缘阴刻一道弧纹，内饰谷纹，玉璧边缘阴刻一"大"字。

122 凤首龙身玉佩

战国时期

华山遗址 2011D15M8：20

长 3.1 厘米，宽 1.9 厘米，厚 0.35 厘米

　　通体受沁呈白色。整器做工十分精致。凤首用阴线琢出喙及冠羽纹理，龙身弯曲如腾空飞跃状，全身阴刻"S"形纹，足部阴刻鱼鳞纹。

朱祥巷遗址

　　朱祥巷遗址位于苏州市姑苏区北部。2021年12月至2022年11月，苏州市考古研究所对其进行了考古发掘，累计发掘面积14200平方米，发现遗迹1200余处，出土完整及可复原遗物近2000件（组）。

　　该遗址是一处从东周时期一直延续至明清时期的大型古遗址，以灰坑、水井和墓葬等遗迹现象为核心文化内涵。本次发掘成果不但进一步补充了苏州地区东周时期文化分布情况，也为综合研究苏州虎丘地区唐代墓葬形制结构和丧葬习俗演变等提供了新材料。

西周时期

朱祥巷遗址 2022J26 ②:17

口径 18.2 厘米，底径 11 厘米，高 17 厘米

　　灰胎。喇叭口，尖圆唇，外翻沿，束颈，颈部较粗，上腹鼓，下腹较直，平底，底边外撇。腹部满饰曲折纹。

124 陶罐

战国时期
朱祥巷遗址 2022J19：3
口径 12.5 ～ 13.4 厘米，底径 17 厘米，
高 15.9 ～ 16.6 厘米

泥质灰陶。小侈口，方唇，矮束颈，折肩，斜弧腹，平底略内凹。肩部对称贴饰一对牛鼻耳。腹部饰凹弦纹。

125 陶罐

战国时期

125-1 朱祥巷遗址 2022J103：9
口径 7.2 厘米，底径 8.6 厘米，高 12 厘米

125-2 朱祥巷遗址 2022J103：8
口径 7.4 厘米，底径 7.6 厘米，高 11 厘米

　　泥质黑陶。形制相同，均为小敛口，圆唇，溜肩，鼓腹，平底略内凹。肩部对称贴饰一对棱面桥形耳，底部贴饰三个乳丁足。外腹满饰凹凸弦纹。

125-1

125-2

126 陶罐

战国时期

朱祥巷遗址 2022J19：4

口径 8.2 厘米，底径 10.7 厘米，高 16.2 厘米

　　泥质黑陶。小侈口，方唇，矮束颈，折肩，斜直腹，平底略内凹。肩部对称贴饰一对棱面桥形耳，肩部饰一组弦纹及"S"形纹，腹部饰一组凹弦纹。

127 陶拍

战国时期

朱祥巷遗址 2022G15 ①：34

长 5.5 厘米，直径 1.8 ~ 2 厘米

　　泥质灰陶。扁圆柱形，柱面凹凸，不规则。一端面阴刻一组云雷纹，一端面光素无纹。

128 铜镰

战国时期

朱祥巷遗址 2022H94 ①:4

残长 12.5 厘米，最宽 3.4 厘米，厚 0.2 ~ 0.7 厘米

锈蚀。微残。梳篦形，前窄后宽，刃部
略内凹、有齿，一侧有安柄的阑。背面光
素，有一凸印刀形纹。

129 环首铜刀

战国时期

朱祥巷遗址 2022G15 ①:28

残长 20.5 厘米，残宽 1.4 厘米，厚 0.1 ~ 0.6 厘米

　　锈蚀。通体瘦长，略呈弧形。刀尖残缺。刀刃扁薄，残缺严重。刀背略尖，有锯齿纹。刀把较厚，尾部为椭圆形环首。

130 | 铜矛

战国时期

朱祥巷遗址 2022T0604②:1

长 19.8 厘米，骹口最宽 3 厘米，叶最宽 4.4 厘米

　　锈蚀。整器瘦长，似叶形。矛锋尖圆，矛刃瘦长、扁薄，矛脊圆锐，骹口呈倒"U"形，矛脊一面近骹口处有一不规则形钉孔。

金城新村遗址

金城新村遗址位于苏州子城核心位置。2022年10月至2023年4月，苏州市考古研究所对其进行考古发掘，发现遗迹30处，其中灰坑23个、水井7个，出土完整及可复原遗物247件（组）。本次考古发现不但从考古地层、遗物类型和科技测年等多方面实证了苏州子城区域在春秋战国之际已经有了较为丰富的人类活动，而且为进一步探寻、研究和认识苏州子城提供了思路和方向。

131 陶罐

战国时期

金城新村遗址 2022T0804 ⑥:1

口径 7.3 厘米，底径 8.2 厘米，高 16.2 厘米

　　泥质灰陶。小敛口，尖圆唇，垂腹，下腹弧收，小平底。近口部对称贴饰一对棱面耳，底部有三乳丁足。腹部满饰凹凸弦纹。

132 陶罐

战国时期

金城新村遗址 2022T0804 ⑥：17

口径 6.9 厘米，底径 7.3 厘米，高 6.6 厘米

泥质黑陶。侈口，圆唇，束颈，垂肩，鼓腹，下腹弧收，平底。肩部对称贴饰一对桥形耳。肩部饰一组凹凸弦纹。

133 陶豆

战国时期

金城新村遗址 2022T0804 ⑥：13

口径 19.3 厘米，底径 16 厘米，高 18.5 厘米

泥质黑陶。敞口，尖唇，浅弧腹，细长圆柄，喇叭形圈足。足内及柄部中空。柄部和足端饰凹弦纹。

134 │ 陶盆

战国时期

金城新村遗址 2022H1：2

口径 21.2 厘米，底径 13.4 厘米，高 5.1 厘米

　　泥质灰陶。直口，尖唇，平折沿，直腹微内收，下腹折收，平底内凹。沿面有两周凹弦纹。

135 │ 陶釜

战国时期

金城新村遗址 2022T0802 ⑦：5

口径 32.2 厘米，高 17.7 厘米

　　泥质灰陶。大敞口，方唇，沿外撇，束颈，鼓腹，下腹弧收，圜底。上腹部饰一周凸棱纹，下腹及底部饰菱格纹。

136 陶拍

战国时期

金城新村遗址 2022T0803 ⑥：1

拍面直径 13 厘米，柄径 4 厘米，高 11.6 厘米

　　泥质灰陶。由拍面和柄部组成。拍面呈圆形，向外弧凸，可辨有绳纹。柄部呈圆柱形，中空，壁较厚，素面。

137 陶拍

战国时期

金城新村遗址 2022T0803 ⑥：4

拍面直径 7.1 厘米，柄径 2.8 厘米，高 6.9 厘米

　　泥质灰陶。由拍面和柄部组成。拍面呈圆形，向外弧凸，似素面。柄部呈圆柱形，中空，壁较厚，素面。

其他

遗址

138 | 陶
罐

马桥文化

草鞋山遗址 2020H163：3

口径 12.5 厘米，腹径 15.3 厘米，底径 7.5 厘米，高
17.1 厘米

　　泥质红陶。侈口，尖圆唇，束颈，球形
腹，圜底内凹。通体饰斜向绳纹。

139 陶尊

马桥文化

宅前遗址 2022H22：1

口径 10.2 厘米，腹径 13 厘米，底径 10 厘米，高 17 厘米

泥质灰陶。敞口，方唇，粗高颈，鼓腹，圈足外撇。颈部、腹部和圈足皆饰弦纹，腹部加饰斜云雷纹，圈足上饰纵长条形镂孔。

140 陶鬲

春秋时期

钱家浜遗址 2021H90：1

口径 6.2 厘米，高 9.6 厘米

　　夹砂红陶。微残。小侈口，圆唇，沿
外撇，束颈，垂弧腹，三锥形袋足。

141 | 陶
罐

春秋时期

钱家浜遗址 2021H36：1

口径 30.3 ～ 33.2 厘米，底径 22 ～ 22.3 厘米，高
13.9 厘米

　　夹砂红陶。大口微侈，尖圆唇，沿微外
撇，矮束颈，折肩，斜弧腹，平底内凹。肩
部饰弦纹和组合戳点纹，上腹饰水波纹。

142 | 印纹硬陶罐

春秋时期
乌鸫墩遗址 2012SGWDDM5：1
口径 16 厘米，腹径 24 厘米，底径 15.8 厘米，高
21.6 厘米

　　红褐色。侈口，方唇，束颈，溜肩，圆弧腹，平底。颈部有一圈弦纹，弦纹以上饰水波纹，肩部饰曲折纹，最大腹径以下饰"回"字纹。

143 印纹硬陶罐

春秋时期
真山遗址 2010D33T4 ⑤：2
口径 8.8 厘米，底径 15.6 厘米，高 14.2 厘米

　　敛口，尖唇，斜颈，凹肩，圆鼓腹，假圈足，平底内凹。肩部附兽形双耳和两个泥条盘筑的"S"形纹，颈部有多道凹弦纹，器身饰曲折纹。

144 原始瓷盖碗

春秋时期
观音山遗址 2010K1：13
口径 11.3 厘米，底径 6.8 厘米，通高 5.5 厘米

通体施青黄釉。器略有变形。有盖。盖隆起，中央有一半圆形纽，周边饰细绳纹。碗直口微侈，尖唇，斜沿，腹壁较直，下弧形内收成平底，底略内凹。

145 原始瓷碗

春秋时期
乌鸦墩遗址 2012SGWDDM1：4
口径 13 厘米，底径 8.2 厘米，高 6.3 厘米

通体施青黄釉，基本脱落殆尽。直口微侈，尖唇，斜沿，腹壁较直，下弧形内收成平底，底略内凹。内饰螺旋纹。

146 陶罐

战国时期
朱墓村遗址 2014H219：1
口径 5.6 厘米，腹径 13.5 厘米，底径 8.5 厘米，高
10.5 厘米

泥质灰陶。敛口，圆唇，溜肩，鼓腹，平底，底部有三个锥形足。肩部有两个对称的棱面桥形耳，一耳已残。器身饰凹凸弦纹。

147 陶罐

战国时期

钱家浜遗址 2021J10 ②:2

口径 5.5 厘米，底径 7.5 厘米，高 8 厘米

　　泥质黑陶。喇叭口，圆唇，长直颈，丰肩，鼓腹，下腹弧收，平底内凹。肩部对称贴饰一对桥形耳，底部有三乳丁足。肩部饰两组凹弦纹，腹部饰凹弦纹。

148 陶罐

战国时期

钱家浜遗址 2021J10 ③:1

口径 10.8 厘米，底径 10 厘米，高 13.2 厘米

泥质黑陶。侈口，圆唇，束颈，丰肩，鼓腹，下腹弧收，平底内凹。肩部对称贴饰一对桥形耳。肩部饰一组凹弦纹。

149 陶罐

战国时期

千年寺遗址 2012SCHTG2 ⑤:1

口径 17.8 厘米，腹径 32.8 厘米，底径 18 厘米，高 23.2 厘米

　　泥质灰陶。直口，方唇，折沿，圆肩，腹下部略收，平底。通体饰绳纹。

150 陶罐

战国时期

千年寺遗址 2012SCHTG2 ⑤：2

口径 21.9 厘米，腹径 31.2 厘米，底径 22 厘米，残
高 20.7 厘米

　　泥质灰陶。卷沿，圆唇，耸肩，鼓腹
下斜收。通体饰席纹。

151 | 陶罐

战国时期
千年寺遗址 2012SCHTG2 ⑤:3
口径 17.7 厘米，腹径 27.2 厘米，底径 13.6 厘米，
高 19.5 厘米

　　泥质灰陶。方唇，折沿，鼓肩，斜
腹，平底。腹部饰绳纹。

战国时期

善山遗址 2012M5：7

口径 10.8 厘米，腹径 18.6 厘米，底径 12.2 厘米，
高 38.8 厘米

　　泥质红陶。敞口，唇部加厚，长颈，
矮圈足，足缘加厚。素面。腹中部有一对
称桥形耳，上饰叶脉纹。

153 原始瓷罐

战国时期
南章遗址 2023H8：1
口径 13 厘米，腹径 24.4 厘米，底径 14.5 厘米，
高 17 厘米

　　通体施青白釉。侈口，圆弧肩，斜腹，平底。颈部饰多圈水波纹，肩、腹部饰米筛纹。

154 石铲

马桥文化

宅前遗址 2022T0107 ⑤:7

长 9.9 厘米，刃宽 6.2 厘米，厚 1.4 厘米

　　直柄，双肩，双面弧刃。两侧及刃部
留有打制的片疤。

155 石『耘田器』

马桥文化

宅前遗址 2022T0207 ⑤:1

长 14.8 厘米，刃宽 14.8 厘米，厚 0.5 厘米

　　凹背，两翼上翘，三角形双弧刃。

春秋时期

观音山遗址 2010D1M1：2

宽 5.1 厘米，拼合高 4.2 厘米，厚 1.3 厘米

　　青玉，湖绿色，受沁处发白。正视为
束腰梯形，横截面呈长菱形。两面均饰浅
浮雕云雷纹，上端与剑鞘衔接面有三个钻
孔，用以连接剑鞘，中间的孔较大；两侧
的孔较小，并斜向穿透。出土时断为三
块，缺其一。

157 玉印

春秋时期
观音山遗址 2010D1M1:1
长 1.4 厘米，宽 1.3 厘米，高 1.1 厘米

　　灰白色。覆斗形，纽部有一穿孔。印面
篆刻阴文"贾"字。

158 条形玉器

春秋时期
獾墩遗址 2009M1:13
长 5.3 厘米，截面边长 0.6 厘米

　　青绿色。长条形，中间有一凹槽。

苏州出土文物精粹

叁

一秦汉六朝

时 | 期 | 遗 | 物

金城新村遗址

在江南地区发现并识别出了一批秦代文物，为苏州城市考古首次发现。特别是大量密集性叠压堆积的板瓦、筒瓦、瓦当和陶管等高等级建筑构件，在制作工艺和装饰风格上与陕甘地区秦代遗址出土相关文物特征具有高度的一致性，再结合带有右司空指向的"右"字戳印铭文等，不但为确定秦会稽郡治位于金城新村一带提供了确切考古证据，而且也是秦推行郡县制、实行"大一统"的有力佐证。

159 陶板瓦

秦代

金城新村遗址 2022T0803 ⑤：10

长 55.3 厘米，宽 38 ~ 40 厘米，厚 1.1 ~ 1.4 厘米

　　泥质红褐陶。弧形，上端较下端略窄。外表面饰纵向中绳纹，微斜，上部大部有抹平痕迹。内面上部饰粗绳纹，中下部饰菱格纹，可见陶拍边痕。

160 陶筒瓦

秦代

金城新村遗址 2022T0803 ⑥:28

长 42.8 厘米，宽 15 厘米，厚 1.2 厘米

    泥质红陶，微夹砂。半筒形。瓦唇略小于瓦身，外表面光素，内面饰横向细绳纹。瓦身外表面饰竖向粗绳纹，有横向抹痕；内面凹凸不平，大部饰横向细绳纹，有纵向抹痕。泥条盘筑而成。侧缘有外切痕。

161 陶筒瓦

秦代
金城新村遗址 2022T0803 ⑦：1
残长 25 厘米，残宽 18.5 厘米，壁厚 1.5 ～ 1.9 厘米

　　泥质灰陶。半筒形。外表面饰斜向粗绳
纹，有横向抹痕，戳印"右"字；内面凹凸不
平，略粗糙。泥条盘筑而成。侧缘有外切痕。

162 陶檐头筒瓦

秦代

金城新村遗址 T0803 ⑥：43

残长 30 厘米，宽 15.5 厘米，厚 1.2 ～ 1.3 厘米；当面直径 15.5 ～ 15.8 厘米，厚 2.2 ～ 2.8 厘米

泥质灰陶。半筒形。当面双线界格四分，饰斜方格纹和云纹。瓦身外面饰纵向粗绳纹，有横向抹痕；内面饰横向粗绳纹，有纵向抹痕。当面与瓦身连接处两侧有对穿圆孔。泥条盘筑而成。瓦身侧缘有外切痕。

163 陶管

秦代

金城新村遗址 2022T0803 ⑥:13

长 45.5 厘米，外径 16 ~ 17 厘米，壁厚 1.4 ~ 1.6
厘米

　　泥质灰陶。泥条盘筑而成。圆筒形，上
端较下端略细。器身中部有 3 组对穿圆孔。
外表面饰竖向中绳纹，局部有横向刻划痕；
内面粗糙，凹凸不平。内壁有戳印，疑似
"右"字。

虎丘观景二村西古墓葬

2019 年 5 月，苏州市考古研究所对虎丘婚纱城D区项目进行抢救性考古发掘工作。发掘土墩一处，残存直径达 50 余米，内有墓葬 34 座，时代跨度贯穿了西汉至明代。墓葬形制主要有土坑墓、石室墓、砖室墓、砖石浇浆墓等，为综合研究各时期墓葬形制演变和丧葬习俗提供了例证。

164 釉陶钫

西汉

虎丘观景二村西 2019M17：12（一对）

现存口宽 6.4 厘米，底宽 14.2 厘米，残高 38.2 厘米

　　器身上部施青釉，脱釉严重。口部残缺，整体呈四面体形。喇叭形方口，长束方颈，溜肩，方形尖鼓腹，腹下部内收，平底，底部外撇。肩部贴塑铺首耳，耳面中部桥形，上饰叶脉纹，下部衔环。

165 铜鼎

西汉
虎丘观景二村西 2019M17：1
口径 10.4 厘米，腹径 13.8 厘米，高 13.3 厘米

残，锈蚀严重。敛口，圆唇，鼓腹，近平底，三扁锥足。上腹部接一对称双耳，上宽下窄呈倒梯形，耳内中空。足上宽下窄，外弧内平。上腹部饰一周凸弦纹。

166 | 铜『货泉』

新莽时期
虎丘观景二村西 2019M11:10
直径 2.4 厘米，穿宽 0.7 厘米，厚 0.1 厘米

　　圆形，方穿，有郭。正面篆书"货泉"二字，背面光素。

167 | 铜戟

东汉
虎丘观景二村西 2019M11:4
长 22.8 厘米，最宽 10.3 厘米，厚 0.3 厘米

　　锈蚀。戟体扁平，近似镰刀形。戟背微弧，顶端尖锐，中上部有分叉外延，似镰刀，亦呈微弧形，尖锐。戟体上部有两个圆形穿孔。

168 石研板

东汉

虎丘观景二村西 2019M11:8

研石：边长 3.0 厘米，高 0.9 厘米

研板：长 13.5 厘米，宽 5.2 厘米，厚 0.6 厘米

　　由研石和研板组成。研石上圆下方，顶面圆形，表面有方格纹，下方形座。研板呈扁薄长方形板状，四边齐整，表面光滑，残存有朱红痕迹，底面略显粗糙。

宋家坟遗址

宋家坟遗址位于苏州市虎丘西路南侧，虎阜路东侧、北侧。为配合基本建设，苏州市考古研究所于2011年7月5日至12月23日对宋家坟遗址进行了考古发掘，发掘面积2000平方米，发现了战国、汉代、六朝、唐宋、明清等各时期各类文化遗迹82处，其中水井2口、灰坑9个、沟3条、墓葬68座，出土金、银、铜、铁、原始瓷、釉陶、瓷、陶、木、石等各种材质器物471件（组）。

参考文献：

◆ 苏州市考古研究所：《苏州虎丘宋家坟遗址唐代墓葬发掘简报》，《东方博物》2022年第3期。

169 釉陶灶

汉代
宋家坟遗址 2011M55:6
长 35 厘米，高 15.5 厘米

　　灰陶。由灶 1、罐 2、盆 1、甑 1
构成。灶侧面刻画鱼纹、禽纹。

170 釉陶麟趾金

汉代

宋家坟遗址 2011M15:12（1件）、17（9件）

平均直径 5.7 厘米，高 2.2 厘米

　　10件。圆形，平底微凹。凸面模印纹饰。

171 铜染炉

汉代

宋家坟遗址 2011M63:16

通长 17.5 厘米，通高 10.3 厘米，口径长 12.4 厘米，口径宽 7.8 厘米

　　浇铸成型。近似长方体，由炉柄和炉体两部分构成。炉体由炉足、灰盘、炉腹、染杯架等部分构成。炉足饰有斗拱，炉腹饰有钱纹，染杯架镂空缠枝纹。

合丰小城遗址

2011年以来，苏州市考古研究所对木渎古城内的合丰小城遗址进行了考古发掘，发现了数量众多的西汉土墩墓。

D151土墩发现汉墓18座，D152土墩发现汉墓41座，D154土墩发现汉墓16座，D161土墩发现汉墓59座。这些土墩墓的时代从西汉早期延续到西汉晚期，其时代与数量在整个江南地区罕见，证实了木渎古城从春秋时期至西汉的使用历程，对解读汉代吴郡的位置具有重要意义。其出土的汉代遗物，为城址的沿用和废弃时代的探索提供了丰富资料。

172 陶
簋

汉代

合丰遗址 2017SFFD161TCM31：5

口径 21.4 厘米，底径 19.1 厘米，高 11.6 厘米

　　泥质红陶。敞口，圆唇，束颈，深弧腹，圈足。肩部有两个铺首。器身饰有四道凹弦纹和一周水波纹。

汉代

合丰遗址 2013SFFTG1M6：8

口径 21 厘米，底径 17.6 厘米，高 16.7 厘米

黄褐色。直口微敛，圆唇，直腹，平底，三兽蹄足。器身上部分别饰有两组水波纹和两组四道凹弦纹，兽蹄足上饰有竖棱及双目。

174 釉陶罐

汉代
合丰遗址 2017SFFD161TBM30：12
口径 7.3 厘米，底径 6.9 厘米，高 8.6 厘米

　　红褐色。口沿和腹上部略施青釉，底部
受腐蚀和残损较严重。侈口，圆唇，束颈，
溜折肩，斜直腹，平底。腹上部有两个半圆
形耳。腹部由上至下分别饰有两道凹弦纹、
数道水波纹和一道凹弦纹。

175 瓷香熏

汉代
合丰遗址 2014SFFT4464M56:31
口径 9 厘米，底径 7 厘米，通高 9.3 厘米

笠形盖面施釉。胎色灰白，胎质坚硬。
盖纽装饰分三层，上为立鸟，下为重轮。器
子母口，折腹，圈足。盖面有两圈三角形镂
孔作出烟孔，器腹中部饰有一道凸棱，腹下
部饰有数道凹弦纹。

176 铜簋

汉代

合丰遗址 2011SFFTG2M4:9

口径 24.3 厘米，底径 14.5 厘米，高 12.3 厘米

　　器身整体受土沁和腐蚀较严重。侈口，尖唇，束颈，弧腹，圈足。腹中部有两个半圆形耳。颈部饰有一道凸弦纹，腹上部饰有三道凸弦纹。

虎丘路新村遗址

2016年至2018年，苏州市考古研究所对苏州市虎丘路新村遗址进行了考古发掘，共发现3座考古信息较完整的三国孙吴时期高等级墓葬。M1为主墓，M2为M1的陪葬墓，M5附葬于M1、M2封土之内。三座墓中，M1时代最早、体量最大、结构最复杂，出土器物材质多样、制作精美；M2与M1时代相同，墓室规模和结构较M1为小为简，因墓室顶部早年坍塌，未遭盗扰，保留了比较完整的考古信息；M5墓室平面形制尚存，虽遭毁墓，仍出土了一批文字砖，有"吴侯""建兴二年"等内容。苏州虎丘路新村土墩三国孙吴时期文物遗存等级高、内涵丰富，并且它们之间相互关联、相互印证、相互补充，对于六朝时期考古学研究，特别是对三国孙吴宗室墓研究具有重要价值。

参考文献：

◆ 苏州市考古研究所：《江苏苏州虎丘路新村土墩三国孙吴 M1 发掘简报》，《东南文化》2019年第6期。
◆ 苏州市考古研究所：《江苏苏州虎丘路新村土墩三国孙吴 M5 发掘简报》，《东南文化》2020年第6期。
◆ 苏州市考古研究所：《江苏苏州姑苏区虎丘路新村土墩三国孙吴 M2 发掘报告》，《东南文化》2024年第2期。

177 双耳青瓷罐

三国时期

虎丘路新村遗址 2017M1：41

口径 9.8 厘米，腹径 21 厘米，底径 10.2 厘米，高
14.5 厘米

外部除底面外，通体施釉。泥条盘筑，
轮制成型。敛口，圆唇，斜肩，鼓腹，下腹
内收，平底微凹。口、肩部饰凹弦纹、水波
纹，肩部对称贴塑两个蕉叶纹桥形耳。

178 双耳青瓷罐

三国时期

虎丘路新村遗址 2017M1：47

口径 19.5 厘米，腹径 28.6 厘米，底径 13.6 厘米，
高 19 厘米

除底面外，通体施釉。泥条盘筑，轮制
成型。敛口，圆唇，斜肩，鼓腹，下腹内
收，平底微凹。口部、腹部饰凹弦纹，肩部
对称贴塑两个素面半圆形耳。

双耳青瓷盖罐

三国时期

虎丘路新村遗址 2017M1：43

盖：口径 11.5 厘米，高 5.5 厘米

罐：口径 11.2 厘米，腹径 23.4 厘米，底径 9.5 厘米，
　　高 16.7 厘米

通高 21.5 厘米

　　盖外部除口部外，通体施釉。轮制成型，慢轮修整。八棱瓜形纽，束颈，平肩微凹，腹外撇，上腹部有一穿孔，子口，尖圆唇。盖面饰凹弦纹、水波纹。

　　罐外部除底面外，通体施釉。泥条盘筑，轮制成型。直口，方唇内斜，束颈，圆肩，鼓腹，下腹内收，平底微凹。肩部饰凹弦纹，对称贴塑两个蕉叶纹桥形耳。

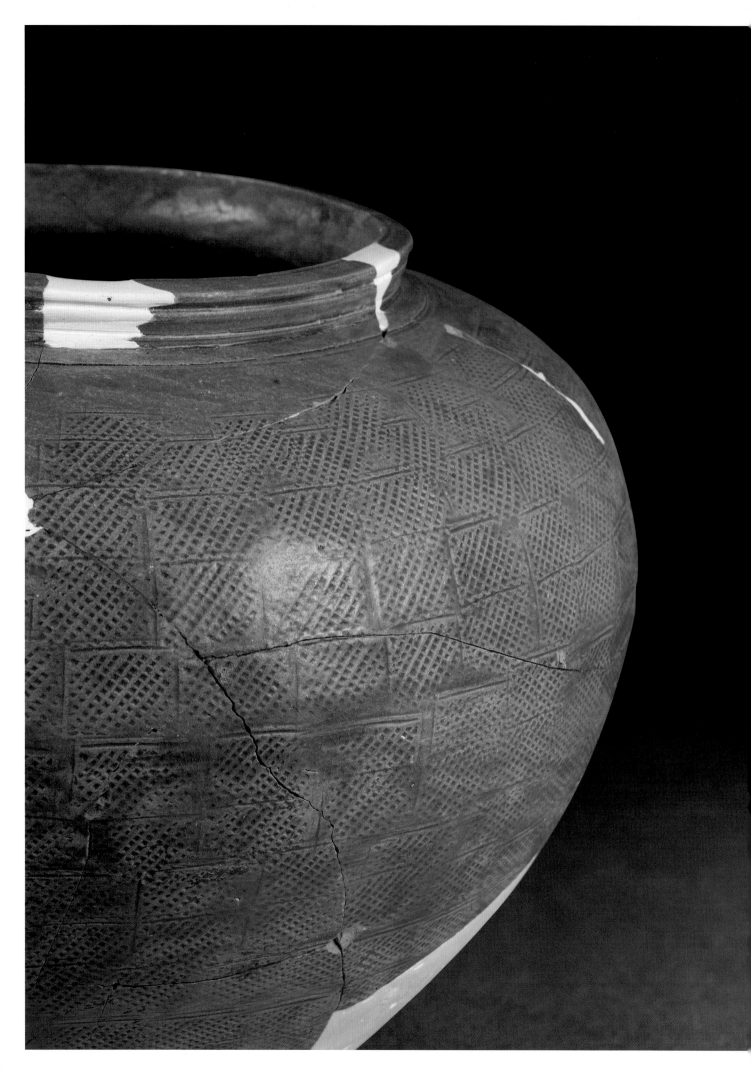

180 青瓷罐

三国时期
虎丘路新村遗址 2017M1∶36
口径 22.4 厘米，腹径 39.5 厘米，底径 15.6 厘米，
高 30.5 厘米

　　除底面外，通体施釉。泥条盘筑，轮制
成型。敞口，方唇，束颈，圆肩，鼓腹，下
腹内收，平底微凹。通体饰斜窗格纹。

181 青瓷罐

三国时期

虎丘路新村遗址 2017M1:48

口径 15.2 厘米, 腹径 22.8 厘米, 底径 13.4 厘米,
高 21.2 厘米

　　除底面外, 通体施釉。泥条盘筑, 轮
制成型。直口, 方唇, 束颈, 斜肩, 鼓
腹, 下腹内收, 平底微凹。肩部饰凹弦纹
并贴塑绳索纹。

双耳青瓷熏

三国时期
虎丘路新村遗址 2017M1：46
口径 17.8 厘米，腹径 27.6 厘米，底径 15 厘米，高
16 厘米

　　除底面外，通体施釉。泥条盘筑，轮制
成型。敛口，圆唇，斜肩，鼓腹，下腹内
收，平底微凹。口部饰多道凹弦纹，肩部对
称贴塑两个素面半圆形耳；肩、腹部饰多个
圆形穿孔。

青瓷灶

三国时期

虎丘路新村遗址 2017M1∶32

灶（32-1）：长44厘米，宽27.8厘米，高15厘米

甑（32-2）：口径14厘米，底径7.7厘米，高6.7厘米

罐（32-3）：口径8.6厘米，腹径13.9厘米，底径5厘米，高7.7厘米

　　1组3件，由灶、甑和罐组合而成。除底面外，通体施釉。

　　灶手制成型。俯视呈船形，灶首尖角上翘，灶腹和灶尾上面平整，自灶首至灶尾依次排列烟道眼、罐眼、甑眼，灶腹外鼓，灶尾内收，灶尾有半圆形火门。

　　甑轮制成型。敞口，尖唇，斜腹内收，平底微凹，底部有六个穿孔。外壁饰凹弦纹。

　　罐轮制成型。敛口，尖唇，束颈，圆肩，鼓腹，平底微凹。

184 蛙形玉串饰

三国时期

虎丘路新村遗址 2017M1：12

长 1.8 厘米，宽 1.5 厘米，厚 1.1 厘米，穿孔径 0.16 厘米

　　青白玉。雕刻成型。素面，口尾间有一穿孔。

185 鱼形金串饰

三国时期

虎丘路新村遗址 2017M1：24

长 1.3 厘米，宽 0.35 厘米，厚 0.6 厘米，穿孔径 0.17 厘米，重 1.73 克

　　浇铸、錾刻成型。鱼形，眼、鳃、鳍、鳞俱全，腹背间有一穿孔。

186 方形金串饰

三国时期

虎丘路新村遗址 2017 M1：26

长 1.1 厘米，宽 1.02 厘米，厚 0.32 厘米，穿孔径 0.17 厘米，重 5.18 克

　　浇铸、錾刻成型。长方体，器表六面均有錾刻花纹，两两对称，上、下两面中部有一穿孔。

187 蛙形金串饰

三国时期
虎丘路新村遗址 2017M1:37
长 0.75 厘米，宽 0.55 厘米，高 0.4 厘米，
穿孔径 0.14 厘米，重 1.03 克

浇铸、錾刻成型。背部、腹部有錾刻花纹，腹背间、左右两肋间各有一穿孔。

188 比翼鸟形金串饰

三国时期
虎丘路新村遗址 2017M1:38
长 1.05 厘米，宽 0.65 厘米，厚 0.5 厘米，
穿孔径 0.16 厘米，重 2.5 克

浇铸、錾刻成型。两鸟身体并列连为一体，两头颈后弯构成一个穿孔，左右两肋各有一翅，两翅间有一穿孔。素面。

三国时期

189

镂空算珠形金串饰

虎丘路新村遗址 2017M1：61
最大径 0.55 厘米，高 0.95 厘米，穿孔径 0.15
厘米，重 0.68 克

　　掐丝、炸珠、焊接成型。自上而
下有一穿孔。

三国时期

190

童子形金串饰

虎丘路新村遗址 2017M1：63
长 1.1 厘米，宽 0.5 厘米，厚 0.45 厘米，穿
孔径 0.14 厘米，重 1.37 克

　　浇铸、錾刻成型。童子裸身、直
立，右臂部分残缺，背部有錾刻纹
饰，左右两肋间有一穿孔。

191 青瓷耳杯

三国时期
虎丘路新村遗址 2017M2：24（一套）
长 11 厘米，宽 8.3 厘米，高 3.3 厘米

　　模制成型。施釉至下腹部。敞口，尖方唇，斜弧腹，平底。素面。

192　龙首铜熏

三国时期
虎丘路新村遗址 2017M2：22
通长 28 厘米，口径 15 厘米，器高 18 厘米，
龙首最高 17.8 厘米

　　稍残，盖锈蚀破损。柄呈龙首状，弯曲。熏盖镂空，可翻开，上浮雕飞鸟人物。器身镂空，三足外撇，因锈蚀图案不易辨识。

193 铜鐎斗

三国时期
虎丘路新村遗址 2017M2：8
通长 23 厘米，口径 14 厘米，高 9.8 厘米

　　通体锈蚀。口沿略残，侈口，尖
圆唇，弧腹，圜底，三足略外撇。手
柄为龙首状。腹部饰两道凸弦纹。

194　铜
　　盆

三国时期
虎丘路新村遗址 2017M2：36
口径 28.6 厘米，底径 15.5 厘米，高 7 厘米

　　锈蚀较严重。侈口，圆唇，直腹，平
底。上腹部饰对称的两个铺首。素面无纹。

195-1

195 铜烛台

三国时期

195-1 虎丘路新村遗址 2017M2：12
口径 15 厘米，高 8 厘米

195-2 虎丘路新村遗址 2017M2：20
口径 15 厘米，高 8 厘米

　　锈蚀较严重。主体呈盘状，侈口，圆唇，斜弧腹，平底，下有三个小蹄形足。器身中间有一空心立柱。

195-2

196 铜熨斗

三国时期

虎丘路新村遗址 2017M2：63

长 35.4 厘米，口径 15.5 厘米，斗身高 5 厘米

　　侈口，平沿微上撇，弧腹，平底。一侧
有一截面呈半圆形的手柄。

197 瑞兽衔杯铜砚滴

三国时期
虎丘路新村遗址 2017M2：27
长 11 厘米，宽 5.4 厘米，高 4.2 厘米

　　兽形，额有一角，背部有一短管
与兽体相连。兽体中空，可以注水；
兽嘴张开，牙咬住一耳杯，牙下有一
小孔，水可从孔中流入耳杯内；兽尾
分成两半，与两条后腿相连；兽身一
侧有一小圆环，应该用于固定。兽身
有纹饰，因锈蚀不清。

银鎏金三足镜架

三国时期

虎丘路新村遗址 2017M2：29

长 82 厘米，兽高 4.5 厘米，第一节长 6.4 厘米，第二节长 19 厘米，第三节长 39.1 厘米，第四节长 13 厘米

　　架身为三个柱状支架，顶端为一瑞兽，支架与瑞兽底端由孔轴连接，支架前端为鎏金龙首，瑞兽底下正中挂一金链，金链底端有一镂空扁坠。支架上部各有一钩，两个向上，一个向下，应该是承托铜镜之用。支架中部用金链连接，起固定作用，金链中部各垂挂有一镂空扁坠。架足为马蹄形。

<table>
<tr><td>

199 龙首金钗

三国时期

虎丘路新村遗址 2017M2：3

长 26 厘米，重 27.1 克

    顶端为一龙首，用细金条、金片、炸珠等饰出眼睛、耳朵、角等，栩栩如生，簪身靠近顶端龙首处又分别饰两个龙首。簪身中部被压弯变形，上有黑色附着物。

</td><td>

200 凤首金钗

三国时期

虎丘路新村遗址 2017M2：4

长 25 厘米，重 25.5 克

    簪首为二鸟相对，用金片、炸珠等工艺饰出羽毛、翅膀，簪身靠近凤首处又分别饰两个龙首。器身有一定变形。

</td></tr>
</table>

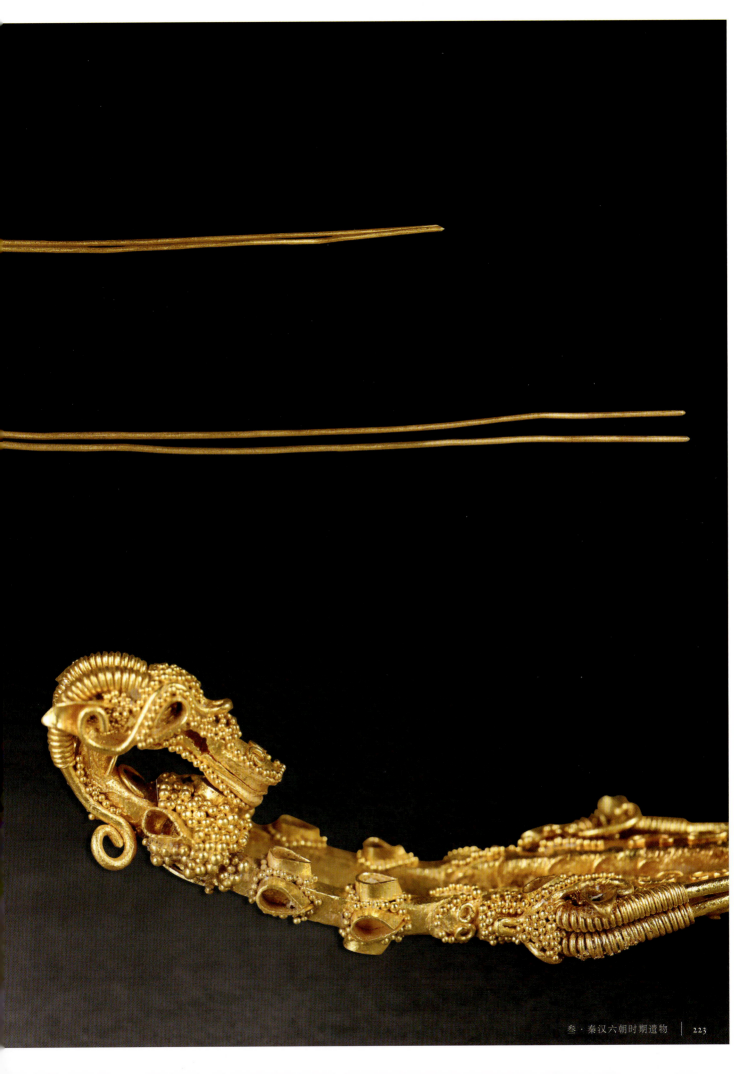

201

挖耳勺金簪

三国时期
虎丘路新村遗址 2017M2：52
长 23.6 厘米，重 10 克

　　一端为挖耳勺，靠近挖耳勺端有
四个竹节纹饰，竹节纹下为螺丝纹，
余为素面。

202

步摇金片

三国时期
虎丘路新村遗址 2017M2：44（5 件）
长 1.1 ~ 1.2 厘米，总重 1.72 克

　　桃形，顶端有一小孔。素面。

203 金坠

三国时期

虎丘路新村遗址 2017M2：41

长 2 厘米，重 4.79 克

　　水滴形，空心，用炸珠饰出连珠纹饰。
器有一定变形。

204 金坠

三国时期

虎丘路新村遗址 2017M2：53

最大直径 1.4 厘米，重 3.33 克

　　球形，表面凸起多个镶嵌槽，镶嵌物已不
存，镶嵌槽边缘有炸珠纹饰，坠中部有穿孔。

205 金戒指

三国时期

虎丘路新村遗址 2017M2：67

外径 1.7 厘米，重 3.33 克

　　圆环形，截面扁形。外侧饰两道凹弦
纹，凹弦纹上有密集的点状纹饰。

206 金手镯

三国时期

206-1 虎丘路新村遗址 2017M2∶55-1
直径 6.2 厘米，截面直径约 0.3 厘米，重 20.55 克

206-2 虎丘路新村遗址 2017M2∶55-2
直径 6.3 厘米，截面直径约 0.3 厘米，重 19.31 克

206-3 虎丘路新村 2017M2∶56-1
直径 6.2 厘米，截面直径约 0.3 厘米，重 19.1 克

206-4 虎丘路新村遗址 2017M2∶56-2
直径 6.2 厘米，截面直径约 0.3 厘米，重 18.82 克

成对。圆环形，截面亦为圆形。

206 - 1

206 - 2

206 - 3

206 - 4

207 银碗

三国时期

虎丘路新村遗址 2017M2∶17

口径 13.9 厘米，底径 6.9 厘米，高 3.8 厘米，重 0.247
千克

　　锈蚀，呈蓝紫色。敞口，圆唇，弧腹，
平底，假圈足。素面无纹。

208 银唾壶

三国时期

虎丘路新村遗址 2017M2∶61

口径 5.9 厘米，腹径 7.6 厘米，底径 6 厘米，高 6.6 厘米，
重 167.1 克

　　锈蚀。小盘口，圆唇，束颈，圆肩，弧
腹，平底，假圈足。

209 银盒

三国时期

虎丘路新村遗址 2017M2：62-1、62-2

盖：直径 22.1 厘米，重 399.48 克

盒：直径 23.5 厘米，重 518.15 克

　　盒口部稍残，直口，尖圆唇，平沿，弧直腹，平底，假圈足。素面。盖子母口，顶部中间有环形纽，纽与盖结合处朽坏，盖边缘稍残。

210 石珠

三国时期
虎丘路新村遗址 2017M2：71
直径 0.7 厘米

　　应为绿松石。雕琢成兽形，有一穿孔。

211 琥珀珠

三国时期
虎丘路新村遗址 2017M2：72
直径 0.7 厘米

　　外表面风化开裂。雕琢成兽形，中部有一穿孔。

212 琥珀珠

三国时期
虎丘路新村遗址 2017M2：81
直径 0.85 厘米

外表面有一定风化。雕琢成兽形，腹部有"十"字形穿孔。

213 绿松石司南配

三国时期
虎丘路新村遗址 2017M2：83
长 0.8 厘米

器为两端凸出的亚腰形，中部有一穿孔。

214

『吴侯』铭文砖

三国时期

虎丘路新村遗址 2017M5 砖:3

残长 33.5 厘米，小短侧面宽 9 厘米，大短侧面宽 15.5 厘米，
厚 4.5 厘米

　　青砖。楔形砖，断成两节，长窄侧面模印阳文
"吴侯"。

其他
遗址

215 釉陶鼎

西汉

真山遗址 2010D33M1：7

口径 15.2 厘米，底径 8 厘米，通高 19 厘米

　　盖覆钵形，盖面上等分竖立三个支脚。
鼎子口，双耳附于口沿下，中腹有道折阶，
下弧腹，圜底，三蹄足。

参考文献：

◆ 苏州市考古研究所：《江苏苏州真山土墩墓（D33）发掘简报》，《文物》2016 年第 5 期。

216 釉陶瓿

西汉

真山遗址 2010D33M1：11

口径 11 厘米，腹径 31.2 厘米，底径 18 厘米，通高
23.9 厘米

　　器身仅肩部以上施釉。有带纽小盖。瓿
直口，溜肩，圆弧腹，平底，三扁矮足。肩
部附带两只角的鬼脸状双耳。肩部饰有三条
宽带状波折纹，肩、腹部饰凹弦纹。

217 釉陶壶

汉代

相门仓街遗址 2017SZXMT8H40：4

口径 13.1 厘米，腹径 21.7 厘米，底径 12.5 厘米，高 24.5 厘米

深盘口，平沿，长束颈，溜肩，鼓腹，平底。颈中部有一凸棱纹，下为水波纹。肩部两侧有耳，上有叶脉纹。器身有多圈凹凸弦纹，腹部有四处支烧痕。

218 带把陶壶

汉代
善山遗址 2012SMEM6：16
口径 12.8 厘米，腹径 19.2 厘米，高 7.6 厘米

　　泥质灰陶。敛口，圆唇，圆鼓腹，小平底。腹上部一侧有一堆塑把手，另侧有一圆口短流。腹中下部饰有拍印纹饰。

219 ｜ 青瓷熏炉

汉代

华山遗址 2011M4：46

器口径 8.1 厘米，底径 6.2 厘米，通高 12.3 厘米

　　熏炉整体形似盖豆，子口承盖。盖顶部微鼓起，浅腹，盖纽分三层，上为立鸟，下为两层塔形纽。器子口，直腹，矮圈足。炉盖上有两圈三角形镂孔，炉腹上部有一圈三角形镂孔。

220 铜镜

汉代

福星小区西土墩南 2019M22:1

直径 10.5 厘米，边缘厚 0.4 厘米

　　保存较好，镜背略有锈蚀。圆形，镜背
中心有一圆纽，圆形纽座。座外饰一周凸弦
纹和一周十二连弧纹，纹间以短线相连。外
区两周斜线纹，间饰一周铭文带。宽平素缘。

221 铜带钩

汉代

长洲县学遗址 2018T7 ⑤：1

长 7.44 厘米，纽宽 1.15 厘米，纽高 0.5 厘米

　　钩首为鸭头，长颈较细，钩体部分较小、微挺，钩尾中空。方形纽位于钩尾，似鸭子的大脚蹼，用以支撑身体。

222 琉璃珠

汉代

福星小区西土墩南 2019M2：7

直径 0.7 厘米，厚 0.5 厘米

　　球形，略残。

223 人面纹瓦当

三国时期
大龙港遗址 2019SGDLGETN2E1 ②：1
直径约 12 厘米

泥质灰陶。圆形。当面模印人面，面目
清晰。

224 莲瓣纹瓦当

六朝
凤凰广场地块 2022T0303 ①：35
直径 13 厘米，厚 2.3 厘米

　　泥质灰陶。瓦身残缺，当面完整。当面
呈圆形，当心刻划凸莲瓣纹。

六朝
察院场遗址 2017TN02E02 ②：10
口径 8.4 厘米，腹径 22 厘米，底径 13.8 厘米，高
30 厘米

　　整体施淡青釉，腹下部至底部无釉。
盘口，喇叭状细束颈，鼓腹，平底。肩部
有两个弓形小耳和一兽首长弯流。流口部
饰有三道凹弦纹，腹部饰有数道凹弦纹。

226 铭文砖

六朝

凌波遗址 2022TN5E4J10：6

长 33.2 厘米，宽 15.5 厘米，厚 5.5 厘米

　　青砖。略残，长方形。长窄侧面模印"太宁元年八月十二日"铭文。

一 唐宋

肆

时 | 期 | 遗 | 物

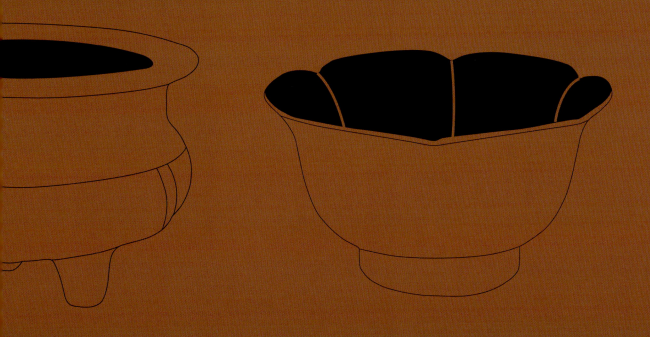

苏州工业园区板桥村墓葬

2021年3月至9月，苏州市考古研究所对苏州工业园区板桥村附近的两个地块进行了考古发掘。I区发现了27座墓葬，包括汉代墓葬10座、唐代墓葬12座、宋代墓葬4座、明代墓葬1座，大多数墓葬等级不高，出土器物较少；II区发现了7座唐宋时期墓葬。其中，在II区同一封土堆下发现3座竖穴土坑墓，应为同茔异穴合葬墓，出土了漆器、木俑、金属器及买地券等随葬品，部分漆器上还有"姚先上牢""丁卯徐上牢""何牢"等铭文。根据买地券可知，男性墓主姓李，埋葬年代为966年，属吴越国末期。这三座墓葬出土器物种类丰富，纪年明确，为苏州地区五代时期的墓葬研究提供了一批重要材料。

参考文献：

◆ 苏州市考古研究所：《江苏苏州工业园区板桥村唐墓I M 10、M 15发掘简报》，《东南文化》2022年第6期。

◆ 苏州市考古研究所：《江苏苏州板桥村吴越国李氏夫妇墓发掘简报》，《东南文化》2023年第6期。

青瓷盘口壶

唐代

板桥村墓葬Ⅰ区 2021M1：11

口径 13.2 厘米，最大腹径 19.8 厘米，底径 11.8
厘米，高 31.5 厘米

　　内壁施青釉至颈部，外壁上半部施青
釉，下腹部及底部未施釉，釉面光亮，局
部剥落，口部略泛黄。深盘口，圆唇，翻
沿，束颈，溜肩，鼓腹，饼足，平底略内
凹。颈上有两道凸棱，肩部有四桥形耳。

228 陶骆驼

唐代

板桥村墓葬 I 区 2021M1：3

长 59.5 厘米，高 46.9 厘米

　　泥质灰陶。昂首站立状，头略偏向左侧，嘴微张，双目圆睁，曲颈，四肢修长，空腔。背部有双驼峰，驼峰间有驮囊。通身光洁，头部及颈部有鬃毛，尾弯曲附于臀部。

229 陶俑

唐代
板桥村墓葬 I 区 2021M1:8
高 35.3 厘米

　　泥质灰陶。直立站姿。发髻束于头顶，面部浑圆，五官不清。上穿敞领窄袖襦衫，双手交叉于胸前；下着高腰长裙，裙长至脚面，足蹬云头履。

230 陶俑

唐代
板桥村墓葬 I 区 2021M1：9
残高 30.4 厘米

　　泥质灰陶。直立站姿。发髻残缺，面部浑圆，五官不清。上穿敞领窄袖襦衫，双手隐于袖内，拱于腹前；下着高腰长裙，裙高及胸，裙长至脚面，足蹬云头履。

231 陶俑

唐代

板桥村墓葬Ⅰ区 2021M12：13

高 37.2 厘米

　　直立站姿。头戴幞头，目视左前方，双手拱于胸前。身着翻领窄袖长袍，腰部系带，下露双足。

陶玄武

唐代

板桥村墓葬 I 区 2021M12：16

长 14.1 厘米，宽 8 厘米，高 6.3 厘米

　　泥质灰陶偏黄。为龟蛇合体，龟伏地作爬行状，身呈圆角长方形；蛇盘绕龟体，蛇首位于龟背中间，蛇尾有残缺。龟首高昂，两侧对称共有四足，残缺一足，短尾，有腹甲。

233 漆钵

五代

板桥村墓葬Ⅱ区 2021M2:1

口径 19.6 厘米, 底径 14.3 厘米, 高 12.6 厘米

　　木胎。通体髹漆, 内壁髹红漆, 外壁髹
黑漆。敛口, 鼓腹, 平底。素面。

234 漆盒

五代

板桥村墓葬Ⅱ区 2021M2:3

口径 18 厘米, 底径 17.6 厘米, 盖高 5.7 厘米, 通高
10.5 厘米

　　木胎。通体髹漆, 内壁髹黑漆, 外壁髹
红漆。圆形, 子母口, 带盖。盖平顶。盒身
直口, 圆唇, 直壁浅腹, 平底。

花口漆碗

五代

板桥村墓葬Ⅱ区 2021M2：2

口径 21.1 厘米，底径 10.3 厘米，高 9.4 厘米

　　木胎。通体髹漆，内壁髹红漆，外壁髹黑漆。敞口，弧腹，矮圈足。五曲梅瓣形口，花瓣相交处外壁微凹形成一道浅槽。外侧腹壁近底处朱漆书"姚先上牢"四字。

236 漆碗

五代

板桥村墓葬 II 区 2021M4：11

口径 14.8 厘米，底径 8.3 厘米，高 6.2 厘米

　　木胎。通体髹漆，内壁髹红漆，外壁髹黑漆。敞口，弧腹，矮圈足。

237 花口漆盘

五代

板桥村墓葬 II 区 2021M4：10

口径 17.6 厘米，底径 12.2 厘米，高 3.8 厘米

　　木胎。通体髹漆，内壁髹红漆，外壁髹黑漆。敞口，斜弧腹，平底。五莲瓣口，花瓣相交处外壁微凹形成一道浅槽。外底中部朱漆书"何牢"二字。

238-2

238 木俑（一组）

五代

木人俑

238-1　板桥村墓葬Ⅱ区 2021M2：10

高 26.2 厘米

　　直立站姿。头戴幞头，目视前方，身着长袍，腰部束带，下露双足。左手贴胸握拳作持物状，右手握拳悬于半空，掌心向下、有孔。

木人俑

238-2　板桥村墓葬Ⅱ区 2021M2：11

高 27.8 厘米

　　直立站姿。头部微仰，戴幞头，身着长袍，腰部束带，下露双足。左手贴胸握拳作持物状，右臂低垂，右手略前弯置于胯部。

木马

238-3　板桥村墓葬Ⅱ区 2021M2：12

长 38.6 厘米，高 25.8 厘米

　　身躯为一块木板，四条腿粘于身躯四角。鞍鞯俱全，束扎马尾，站立于一块长方形木托板之上。

238-3　　　　　　　　　　　　　　　　238-1

238-2

238-1

238-3

239 木人俑

五代
板桥村墓葬 II 区 2021M2：13
高 26.4 厘米

　　直立站姿。头戴风帽，头部微下俯，身着宽袖曳地长袍，右手置于胸前，左臂下垂，长袖不露手，双足亦未外露。

人面木俑

五代

板桥村墓葬 II 区 2021M4：14

残高 10.2 厘米，最宽 4.0 厘米，最厚 1.3 厘米

　　上半部近三角形，下半部近方形，略有残缺。正面下半部有墨线描出的人物面部特征，上半部墨线脱落严重，纹饰不可辨；背部用墨线画出六条弧形条纹，略有脱落。下部中间有一穿孔痕迹，此俑应为组合器物部件。

241	木虎	五代
		板桥村墓葬Ⅱ区 2021M2：16
		残长 13.6 厘米，高 4.2 厘米

昂首，卧伏状，前腿外伸，后半部残缺。

242	角篦	五代
		板桥村墓葬Ⅱ区 2021M4：6
		长 10.7 厘米，宽 2.8 厘米，厚 0.2 厘米

基本完整。弧形梳背，两端有侧护，两侧护间为长条形梳齿，共55根。

五代

板桥村墓葬Ⅱ区 2021M2∶20

高30厘米，宽17厘米

长方形，局部开裂腐蚀。正面自左向右、自上而下朱书文字，共12列，每列字数多寡不一，满行25字，可辨143字。背面无字。

现录文如下（"/"表示另行，存疑或校补文字加外框，缺省不可辨者以"□"代替，超过三处以"□□□"代替）：

维乾德四年岁次丙寅二月丙申[十]四日己酉，苏州吴县万安乡/李府君，以当年正月二十二日殁。[生]有城邑，死有丘墓。今卜宅/兆，宜[于]长洲县习[义乡]□□□安厝。四□□□，东西至[迁]，南/北□□□门□□□丘丞墓伯，封/□□□路将□□□[若辄有]/□□□[能鸣]/□□□[今]以少牢酒饭，饼果[杂物]，共为□□/财[地]□□□明，不如[今]约。如有不善，自今主吏当罪。□/官位□□□[效]福时。见□时岁月主者。[保人]今日直/符。书券[人]□□□。[卖地人]□[定]度。若先来居者，速移[避]/□彼宅[邪]精，远走千里。急々如五帝使者女青律令。/保人东皇公 见人西皇母。

元和塘平江窑遗址

　　元和塘平江窑遗址位于苏州市相城区元和街道元和塘两侧，2020年10月在基建考古时发现并进行整体性原址保护。2021年至2022年，苏州市考古研究所在古窑址区连续开展考古发掘工作，发掘面积2918平方米，发现窑炉、晾坯区、沉淀池、墙址、房址、道路、水井、沟、灰坑、窑头屋等遗迹99个，出土金砖、陶罐、陶灯等文物225件（组）。其出土的陶灯与南宋御街遗址所出完全相同，各类器物形制与文献记载南宋平江府烧造的礼器、祭器十分接近，经专家论证，元和塘古窑址为南宋"平江窑"。

　　元和塘古窑址是目前苏州地区分布范围最广、延续时间最长、保存最完整、窑炉发现数量最多、等级最高的古代窑业遗存，对于研究苏州地区手工业贸易乃至全国的陶业发展史都具有非常重要的意义。

244 青瓷碗

唐五代

元和塘古窑址 2016H29：1

口径 19.5 厘米，底径 10.1 厘米，高 5.4 厘米

　　施青釉至上腹部，釉色发白。敞口，圆唇，斜直腹，平底微内凹，内底微凸。内、外底均有支烧痕。

245 陶器口部残件

宋代

元和塘古窑址 2016H23∶58

内径 13.6 厘米，口沿宽 2.9 厘米，口沿残长
18.2 厘米，器身最长处（花边处）20.9 厘米，
高 11.1 厘米

　　泥质灰陶。平口，折沿。口沿下
饰"卍"字纹、云雷纹、同心圆纹、
莲瓣纹和花边，下部可见三孔。

246 陶器残件

宋代

元和塘古窑址 2016H23∶75

残长 5.0 ~ 9.1 厘米，高 6.2 厘米

　　泥质灰陶。折沿，圆唇微凸，直
腹。器身上饰有夔龙纹。

陶器口部残件

宋代

元和塘古窑址 2016H32：311

现存口径 15.8 厘米，现存口部内径 8.9 厘米，
残高 16.7 厘米

泥质黑皮陶。斜口内凹，圆唇，
直腹。口沿上有一道凹弦纹，肩部饰
缠枝花卉纹，其下为卷云纹。器身内
部有凸棱纹。

248 陶器底部残件

宋代
元和塘古窑址 2016H32：293
残长 10.8 厘米，现存底径 21 厘米，残高 8
厘米

　　泥质灰陶。器身残有一个圆孔和
三个乳丁，下为凸棱纹。

249 陶器底部残件

宋代
元和塘古窑址 2016H32：310
残高 8.2 厘米

　　泥质灰陶。腹身印有纹饰（上部
缺失，具体不详），底部印有莲瓣纹
样。现存一兽足。

250

陶器底部残件

宋代

元和塘古窑址 2016H32：312

底径 18.2 厘米，残高 6.6 厘米

　　泥质黑皮红胎陶。腹部印有凸莲瓣纹。圈足底，上有一圈纹饰。

251 陶灯

宋代

251-1 元和塘古窑址 2016H32：172
盏盘口径 8.2 厘米，底径 14.4 厘米，孔径 2.3 ~ 2.9
厘米，高 18.6 ~ 20.0 厘米

251-2 元和塘古窑址 2016H32：192
盏盘口径 8.2 厘米，底径 14.8 厘米，孔径 3.4 厘米，
高 19.5 厘米

251-3 元和塘古窑址 2016H32：194
盏盘口径 8.3 厘米，底径 15 厘米，孔径 3.4 厘米，
高 19.6 厘米

　　泥质灰陶。豆形灯，顶盏为深腹碗形。
灯柱较粗，空心。灯座为浅盘，底部有一圆
形开孔。顶盏与底座之间有一圆饼状隆起和
一球形隆起。烧造变形。

251 - 1

251 - 2

251 - 3

252 陶灯

宋代

元和塘古窑址 2016H32：193

盏盘口径 8.6 厘米，承盘口径 16.6 厘米，底径 14.8 厘米，高 31.4 厘米

　　泥质灰陶。豆形灯，顶盏为深腹碗形，斜弧腹。灯柱较粗，空心，上细下粗呈喇叭状。承盘为敞口浅盘。灯座为覆斗形高圈足，圈足上两道凹弦纹。顶盏与承盘之间有一圆饼状隆起和一球形隆起。

253　陶
　　　灯

宋代

元和塘古窑址 2016T0207 ③：7

口径 8.7 厘米，底径 11.2 厘米，高 4.1 厘米

　　泥质黑陶。残。直壁，底座为覆斗形，
上有两圈弦纹，下部有四组弧形缺口，缺口
边缘呈锯齿状。

254 陶灯盏

宋代

元和塘古窑址 2016T0412②：30

烛插直径 3.2 厘米，底径 6.6 厘米，上方孔径 0.6 厘米，
下方孔径 2.4 厘米，高 3.1 厘米

　　夹砂红陶。底座为折沿浅盘，盘中央有
圆柱形烛插，下开一孔，与插烛孔相通。

255 陶熏炉盖

宋代

元和塘古窑址 2016H23：68

残长 15.8 厘米，残高 4.6 厘米

　　泥质灰陶。子母口，盖沿微弧，盖面
隆起。盖面有圆形和尖椭圆形镂孔。

256 陶熏炉盖

宋代

元和塘古窑址 2016H32：79

盖面直径 7.8 厘米，外口径 9 厘米，内口径 6.5 厘米，

高 2.2 厘米

  泥质红陶。微残。子母口，圆唇，直壁。盖面微弧，顶部开光透雕花卉。主体花卉外有两圈凹弦纹。

257 陶熏炉盖

宋代

元和塘古窑址 2016H32：8

盖面直径 7.9 厘米，外口径 8.9 厘米，内口径 6.5 厘米，

高 2.2 厘米

  泥质红陶。子母口，圆唇，直壁。盖面微弧，顶部开光透雕花卉。主体花卉外有两圈凹弦纹。

258 陶熏炉盖

宋代

元和塘古窑址 2016T0207 ③:36

盖面直径 10.0 厘米，外口径 11.0 厘米，内口径 8.3
厘米，高 3.5 厘米

　　泥质红陶。子母口，圆唇，直壁。盖面
微弧，顶部开光透雕花卉，主体花纹外有一
圈凹弦纹。

259

陶熏炉盖

宋代

259-1 元和塘古窑址 2016H32：239
荷叶直径 6.8 厘米，内腹径 12 厘米，托盘花
边 18 厘米，残高 25.5 厘米

259-2 元和塘古窑址 2016H32：240
荷叶直径 7.2 厘米，内腹径 11.4 厘米，托盘
花边 18 厘米，残高 17.5 厘米

　　泥质黑陶。残。盖类似盔形，短
颈托盘承塔形纽，花边托盘有三角形
镂孔，花心中空。

259-1

259-2

陶熏炉盖

宋代

元和塘古窑址 2016H32：241

荷叶直径 7.5 厘米，残底径 9.3 厘米，残高 17.9 厘米

泥质灰陶。残。盖类似盔形，短颈托盘
承塔形纽，花心中空。

陶香炉

宋代

元和塘古窑址 2016H19：24

口径 14.1 厘米，底径 12.3 厘米，足高 3.4 厘米，高 11.0 厘米

　　泥质红陶。奁式炉。方沿，直腹，底部略收，平底，三足。外腹部饰五道凸弦纹。

陶香炉

262

宋代

元和塘古窑址 2016H32：322

腹径 16.5 厘米，底径 13.2 厘米，残高 5.7 厘米

　　泥质黑皮红胎陶。底部残件，现存两足。内底模印双鱼纹。

263 陶炉

宋代

元和塘古窑址 2016TG1 采集

现存直径 10 ～ 14.5 厘米，残高 5 厘米

泥质黑皮灰胎陶。残。内底戳有铭记。

264 陶杯

宋代

元和塘古窑址 2016T0207 ③:13

口径 10.5 厘米，底径 8.4 厘米，高 7.5 厘米

　　泥质黑灰陶。直口，方唇，直腹，底部下收，圈足外撇。杯身轻微烧造变形。

265 陶铃

宋代

元和塘古窑址 2016H4:7

球径 4.2 厘米，高 6.6 厘米，穿孔径 0.3 厘米，长条形开口宽 0.8 厘米

　　泥质黑灰陶。球状，顶部有一鱼尾形凸起，凸起部分有一穿孔，下方有一长条形开口，内置一陶球。

266 陶垫圈

宋代

元和塘古窑址 2016F1：2

口径 17.3 厘米，底径 16.8 厘米，高 7.1 厘米

泥质灰陶。直筒形，沿内凹。

267 陶范

宋代

元和塘古窑址 2016T0513③a：6

直径 13.5 厘米，厚 2.3 厘米

泥质黑灰陶。范面有一圈凹槽，中心模印一圈凸弦纹和花卉纹。背面凹凸不平，留有手印。

268 陶范

宋代

元和塘古窑址 2016T0207 ③:34

上径 8.9 厘米，下径 8.5 厘米，厚 1.5 厘米

　　泥质灰陶。圆饼状。正面凸刻花卉，背面凹刻一"十"字纹。

南章遗址

南章遗址位于苏州市吴中区。2023年5月至9月，苏州市考古研究所对遗址进行考古发掘。共发掘土墩5个，遗迹55处，其中东周时期灰坑11个、墓葬4座，宋代墓葬5座，明清时期灰坑4个、墓葬31座。5座宋墓有规律地分成东、西两列，东组M39、M40两座纪年墓较为重要，出土器物较为精美，其中宋代古墨罕见；木俑、柏人、镇墓兽、买地券等丧葬器具为探索北宋乃至晚唐以来本地区的社会风俗与民间信仰提供了重要的实物资料；漆器保存状态较好，并且多数有题名，对研究宋代中期苏州及其附近地区的漆器制造、流通及相关考古学文化具有重要意义。南章宋墓买地券记载均为"吴江县"，墓地虽然与吴江相距不远，但一般文献均将东太湖西岸横泾、越溪划归吴县（今已撤销）；而M40买地券记载"范隅"，见于史志记载，后析分为上、下两乡，对探讨苏州政区变化和东太湖交通线路具有重要的参考价值。

北宋（定康元年，1040年）

南章遗址 2023M39：20

口径11厘米，最大腹径32厘米，底径12厘米，高50厘米

　　施青黄釉至下腹部。直口微敛，圆唇，垂肩，深弧腹，平底。肩上部有四个素面耳。

270　柏人木俑（西）

北宋（定康元年，1040 年）

南章遗址 2023M39∶1

高 16.2 厘米，宽 4.5 厘米，厚 3.6 厘米

　　直立站姿。头戴僧伽帽，目视前方。身着圆领长袖长袍，腰部系带，下露双足。双手相握拱于胸前。胸前墨书"西呼西应"，背书"西"。

271 柏人木俑（北）

北宋（定康元年，1040 年）

南章遗址 2023M39：10

高 16 厘米，宽 4 厘米，厚 2.9 厘米

　　直立站姿。头戴僧伽帽，目视前方。身着圆领长袖长袍，腰部系带，下露双足。双手相握拱于胸前。胸前墨书"北呼北应"，背书"北"。

272　柏人木俑（南）

北宋（定康元年，1040 年）
南章遗址 2023M39：11
高 15.9 厘米，宽 4 厘米，厚 2.9 厘米

　　直立站姿。头戴僧伽帽，目视前方。身着圆领长袖长袍，腰部系带，下露双足。双手相握拱于胸前。胸前墨书"南呼南应"，背书"南"。

273 青瓷瓜棱瓶

北宋（庆历四年，1044 年）
南章遗址 2023M40：55
口径 5.5 厘米，底径 8 厘米，高 25 厘米

施青黄釉，釉不及底。小口，束颈，深弧腹，圈足。肩部饰三道弦纹，从肩至腹压印有六条竖直线，使整体呈瓜棱形。

越窑花口青瓷炉

北宋（庆历四年，1044年）

南章遗址 2023M40：58

口径13厘米，底径9.5厘米，高18厘米

　　器上部釉色黄绿，下部釉色泛白。上部为六瓣花盏，盏腹刻划有莲瓣纹，下为盏托形器座，边沿处饰有如意形镂孔。

十二生肖木俑（十二辰俑）

北宋（庆历四年，1044 年）

275-1 南章遗址 2023M40：1
高 20 厘米，宽 3.5 厘米，厚 2.1 厘米

　　蛇首，人身，身穿交领长袍，腰部束带，下露双足。左手下垂，右手上持一物。

275-2 南章遗址 2023M40：2
高 21 厘米，宽 5 厘米，厚 3 厘米

　　鼠首，人身，身穿交领长袍，腰部束带，下露双足。双手提握在胸前。

275-3 南章遗址 2023M40：3
高 19 厘米，宽 5 厘米，厚 3 厘米

　　猴首，人身，身穿长袍，腰部束带，下露双足。双手提握在胸前。

275-4 南章遗址 2023M40：5
高 20.1 厘米，宽 4.5 厘米，厚 2.5 厘米

　　龙首，人身，身穿长袍，腰部束带，下露双足。双手提握在胸前。

275-5 南章遗址 2023M40：7
高 18 厘米，宽 4 厘米，厚 3 厘米

　　马首，人身，身穿长袍，腰部束带，下露双足。双手藏于袖中，拱于胸前。

275-6 南章遗址 2023M40：8
高 19.9 厘米，宽 4 厘米，厚 2.5 厘米

　　犬首，人身，身穿长袍，腰部束带，下露双足。双手藏于袖中，拱于胸前。

275-7 南章遗址 2023M40：9
高 20.5 厘米，宽 4.5 厘米，厚 2.5 厘米

　　兔首，人身，身穿长袍，腰部束带，下露双足。左手下提一物，右手上持。

275-8 南章遗址 2023M40：10
高 20.1 厘米，宽 4.2 厘米，厚 2.9 厘米

　　猪首，人身，身穿长袍，腰部束带，下露双足。双手提握在胸前。

275-9 南章遗址 2023M40：11
高 19.5 厘米，宽 5 厘米，厚 2.0 厘米

　　鸡首，人身，身穿长袍，腰部束带，下露双足。双手提握在胸前。

275-10 南章遗址 2023M40：13
高 19.5 厘米，宽 5 厘米，厚 2.5 厘米

　　羊首，人身，身穿长袍，腰部束带，下露双足。双手提握在胸前。

275-11 南章遗址 2023M40：59
高 19.5 厘米，宽 5 厘米，厚 2.5 厘米

　　虎首，人身，身穿长袍，腰部束带，下露双足。双手提握在胸前。

275-1   275-2   275-3

275 - 4

275 - 5

275-6

275-7

275-8

275-9

275-10

275-11

一 文官木俑

北宋（庆历四年，1044 年）
南章遗址 2023M40：6
高 18 厘米，宽 4.9 厘米，厚 2.9 厘米

　　直立站姿。头部向左仰，戴幞头，身
着长袍，腰部束带，下露双足。双手持笏
在胸前，笏板可以拆卸。

文官木俑

北宋（庆历四年，1044 年）
南章遗址 2023M40：20
高 18.5 厘米，宽 3 厘米，厚 2 厘米

　　直立站姿。头部微向左侧倾，戴幞头，身着长袍，腰部束带，下露双足。双手持笏在左胸前，笏板可以拆卸。

278 金鸡木俑

北宋（庆历四年，1044 年）

南章遗址 2023M40：12

长 12 厘米，宽 4.2 厘米，高 5 厘米

昂首，腿部已残，立于方座之上。

279 | 天犬木俑

北宋（庆历四年，1044 年）
南章遗址 2023M40：15
高 11 厘米，宽 4 厘米

仰首而立，尾部蜷缩。

280 青龙木俑

北宋（庆历四年，1044年）
南章遗址 2023M40：17
长 26.2 厘米，宽 2.5 厘米，高 5.4 厘米

昂首，卧伏状，前腿外伸，后腿蹲伏。

281 白虎木俑

北宋（庆历四年，1044年）
南章遗址 2023M40：16
长19厘米，宽2.5厘米，高4.5厘米

昂首，卧伏状，前腿外伸，后腿蹲伏。

钱家浜遗址

钱家浜遗址位于苏州市姑苏区苏虞张公路西、沪宁高速公路北、阳澄湖西路南、虎丘湿地公园东。2021年3月至12月，苏州市考古研究所联合南京大学对遗址区域进行了考古发掘，发掘面积8300平方米，共发现墓葬、灰坑、水井和灰沟等各类遗迹330余处，出土陶罐、陶盆、瓷盂、瓷罐、银钗、铜镜、铜簪、铜钱、铜带扣、漆木碗、漆木盘、漆木钵、石砚台和墓志铭等完整器及可复原器物1000余件。

M42平面近似长方形，墓向330°。墓室上部被扰乱破坏，长2.84米，北宽1.04、南宽0.94米，残深0.85~1.84米。墓室外侧为竖穴土圹，直壁，平底。墓室内侧发现一具棺木，除棺盖板腐朽严重外，其他结构保存均较好。棺内随葬有青瓷盂、小罐，漆木盆、盘、碗、钵、饰件，木梳、簪，铜饰件、铜镜和石砚等；在腰坑内还发现木质买地券、木龙等；墓室填土、棺内底部和棺外底板下发现多枚铜钱，可辨有"开元通宝""宋元通宝""太平通宝""淳化元宝""至道元宝""咸平元宝""景德元宝""祥符通宝""祥符元宝"和"天禧通宝"等。

青瓷盖罐

北宋

钱家浜遗址 2021M26：2

盖径 5.4 厘米，罐口径 3.7 厘米，底径 4.4 厘米，
通高 8.6 厘米

　　通体施青釉，足端无釉。盖呈圆形，
盖面中心有一凸纽。罐体呈瓜棱状，小直
口微敛，鼓腹，小圈足。

283

釉陶瓶

北宋

钱家浜遗址 2021M42：28

口径 5.6 厘米，底径 9.2 厘米，高 25.2 厘米

　　通体施酱釉，肩部一圈无釉，外底无釉。
小口微敛，厚圆唇，内斜沿，沿面内凹，束
颈，溜肩，微鼓腹，下腹斜收，平底内凹。外
腹可见多组凹凸弦纹。

284 漆钵

北宋

钱家浜遗址 2021M42：1

口径 15 厘米，腹径 22 厘米，底径 12 厘米，高 11.3 厘米

　　木胎。通体髹漆，色泽泛黑。敛口，圆唇，溜肩，鼓腹，下腹斜收，平底略内凹。

285 漆盆

北宋

钱家浜遗址 2021M42：4

口径 28.3 厘米，底径 21.5 厘米，高 7.1 厘米

　　木胎。通体髹黑漆。敞口，圆唇，斜弧腹，平底略内凹。

286 花口漆盘

北宋

钱家浜遗址 2021M42:5

口径 15.2 厘米，底径 8.2 厘米，高 4 厘米

木胎。通体髹漆，内壁髹漆呈暗红色，外壁髹漆呈黑色。敞花口，圆唇，斜腹，圈足。

287

花
口
漆
盘

北宋

钱家浜遗址 2021M42：6

口径 15.1 厘米，底径 8.2 厘米，高 3.9 厘米

　　木胎。通体髹漆，色泽暗红泛黑。敞花
口，圆唇，斜腹，圈足。

288 花口漆碗

北宋

钱家浜遗址 2021M42：7

口径 15 厘米，底径 7 厘米，高 8 厘米

　　木胎。通体髹漆，内壁色泽鲜红，外壁色泽暗红泛黑。敞花口，口沿外撇，尖圆唇，深弧腹，圈足。下腹近圈足处有朱书文字。

289 | 铜镜

北宋

钱家浜遗址 2021M42:15

直径 11.7 厘米，最厚 0.5 厘米，纽高 0.4 厘米

锈蚀。圆形。正面光素。背面中心有
一桥形纽，自中心向外装饰瑞兽纹和一组
弦纹。镜缘窄高。

290 石砚台

北宋
钱家浜遗址 2021M42：16
长 16.2 厘米，宽 9.3 ~ 10.8 厘米，高 3.4 ~ 3.8 厘米

　　平面略呈长方梯形。正面砚身自宽端向窄端倾斜，砚堂、墨池呈斜面相接。砚堂平整，墨池较深。砚背由砚堂向墨池方向凿挖较浅，呈微抄手状。

291 木墓龙

北宋

钱家浜遗址 2021M42∶32

长 17.8 厘米，宽 3.2 厘米，高 5.3 厘米

　　人面蛇身，身部正面饰菱格纹，有朱书
痕迹，但不可辨识。

乌埂上遗址

乌梗上遗址位于苏州市高新区浒墅关永莲路西、道安路南，乌梗上西。2021年4月至6月，苏州市考古研究所对勘探发现的古墓葬及相关区域进行了抢救性考古发掘工作。发掘面积150平方米，共清理古墓葬7座，出土陶盆、陶罐、瓷碗、瓷杯、瓷高足杯、银钗、铜钱和漆盘等遗物160件（组）。

钱家浜、乌埂上等遗址墓葬中出土的瓷器及漆木器展现了苏州宋人崇尚清雅的生活审美情趣。

292 陶钵

北宋
乌埂上遗址 2022M5:4
口径 17.6 厘米，底径 10.9 厘米，高 10 厘米

　　泥质灰陶。直口微侈，圆唇，弧腹，下腹斜收，平底内凹。近口部可见凹弦纹。

293 青瓷高足杯

北宋
乌埂上遗址 2022M1:8
口径 10.6 厘米，底径 6 厘米，高 7.9 厘米

　　通体施青釉，内壁底端及外底无釉。敞口，外撇沿，尖圆唇，深腹微斜，高圈足，足端呈喇叭形。

294 花口漆盘

北宋
乌埂上遗址 2022M1：9
口径 13.1 厘米，底径 7.8 厘米，高 2.9 厘米

　　木胎。内、外壁髹漆，内壁色泽鲜红，外
壁色泽暗红。敞花口，圆唇，斜腹，平底。

295 花口漆盘

北宋

乌埂上遗址 2022M1:10

口径 12.9 厘米，底径 7.6 厘米，高 2.8 厘米

　　木胎。内、外壁髹漆，内壁色泽鲜红，外壁色泽暗红。敞花口，圆唇，斜腹，圈足。

296 银钗

北宋

296-1 乌埂上遗址 2022M3：3
直径 0.2 ~ 0.4 厘米，长 18.5 厘米

296-2 乌埂上遗址 2022M3：4
直径 0.3 ~ 0.4 厘米，长 19.2 厘米

296-3 乌埂上遗址 2022M4：4
直径 0.3 ~ 0.5 厘米，长 18.3 厘米

296-4 乌埂上遗址 2022M5：3
直径 0.2 ~ 0.4 厘米，长 15.3 厘米

微残，锈蚀。整体呈双股形。

296-1

296 - 2

296 - 3

296 - 4

谢家坟遗址

谢家坟位遗址于苏州市姑苏区石湖景区东入口处。2010年6月，苏州市考古研究所对其进行了抢救性考古发掘。遗址为一土墩，近长方形，东西走向，东西长70米，南北宽50米，最高处约3米。

共发掘墓葬30座，从汉代一直延续至明清时期，墓葬等级都不高，反映了不同历史时期苏州地区民间的葬俗与物质生活情况，为研究苏州地方历史提供了珍贵的实物资料。

参考文献:

◆ 苏州市考古研究所:《江苏苏州谢家坟元明朱氏家族墓发掘报告》,《东南文化》2018年第4期。

297 | 青瓷盘口壶

唐五代
谢家坟遗址 2010M4：1
口径 14.6 厘米，底径 10.3 厘米，高 34.3 厘米

　　施青黄釉，釉不及底。浅盘口，折沿，短颈，溜肩，肩上有两组桥形耳，深弧腹，下腹内收，平底。

青瓷执壶

宋代

谢家坟遗址 2010M6：2

最大腹径 15.4 厘米，底径 7.6 厘米，通高 22 厘米

　　通体施青釉，釉色淡青闪黄。口部蒜头形，细颈，球形腹，长曲流，扁带状耳形执柄，平底。颈下刻划两道弦纹，以下刻划菊花纹，腹部刻划两组四瓣形开光，开光内刻划花卉纹。

青瓷盏托

宋代

谢家坟遗址 2010M6:1

杯托直径 4.7 厘米，托盘直径 12.2 厘米，高 5.7 厘米

　　通体施青釉。托台形。杯托为倒置莲座形，托盘口沿上翘，敞口，圈足外撇。

300 青瓷粉盒

宋代

谢家坟遗址 2010M7：4

直径 12.5 厘米，通高 5.4 厘米

　　通体施青釉。器呈扁圆形，由盒盖和盒身两部分组成，以子母口相合。盖面中央刻划两朵菊花。

301 青瓷盖罐

宋代

谢家坟遗址 2010M9：3

盖径 8.6 厘米，罐口径 7 厘米，底径 4.1 厘米，通高 8.6 厘米

　　釉色青绿，红胎带铁锈状斑。罐直口，鼓肩，下腹弧收，小平底。

302 一 釉陶盆

唐代
合丰遗址 2017M46：2
口径 16 厘米，底径 8.8 厘米，高 5 厘米

　　器物上半部分施青釉，局部有裂纹，有
缩釉和流釉现象，下半部无釉。口微敛，圆
唇，颈微束，弧腹，腹下收至平底。

303 三彩粉盒

唐代

宋家坟遗址 2011M54：2

口径 9.4 厘米，底径 8 厘米，通高 4.1 厘米

　　釉陶，轮制成型。盖母口，尖唇，直腹，弧顶；盖面饰蓝底黄白色花，侧面饰白底黄色竖条纹。盒子口，方唇，直腹，平底微凹；侧面饰白底黄色斑点纹。

304 陶壶

唐代

陶埂上遗址 2022M27：4

口径 14 厘米，底径 14.7 厘米，高 27.1 厘米

　　泥质灰褐陶。浅盘口，厚圆唇，长束颈，槌腹，平底略内凹。

唐代

朱祥巷遗址 2022M67：1

残高 25.5 厘米

　　微残。男俑，站立状。头戴幞头。面部五官模糊不清。身穿长袍，双手相握拢于袖中。

306 青砖

唐代

凌波遗址 2022M8：1

残长 19 厘米，宽 13.6 厘米，厚 3 厘米

　　素面。一面刻有"铁棒打一百下，见
人"等字。

307 青瓷执壶

唐代

朱祥巷遗址 2022J14：22

口径 11.8 厘米，底径 13.7 厘米，高 23.5 厘米

　　通体施青釉，足端无釉。敞口，尖圆唇，口沿外翻，长束颈，丰肩，槌形腹，假圈足，平底。肩上对称贴饰一执把（残）和棱面形流，腹部饰瓜棱纹。釉下绘褐彩花鸟纹。

308 琉璃耳珰

唐代

福星小区西土墩南 2019M17:2

头端径 1.3 厘米，尾端径 0.7 厘米，长约 2.7 厘米，珰身直径约 0.6 厘米

　　喇叭形，头、尾及珰身呈圆形，中有一圆形孔。

309 琉璃耳珰

唐代

福星小区西土墩南 2019M20:2

头端径 1.3 厘米，尾端径 0.7 厘米，长约 2.1 厘米，珰身直径约 0.5 厘米

　　喇叭形，头、尾及珰身呈圆形，中有一圆形孔。

310 琉璃耳珰

唐代

福星小区西土墩南 2019M20:3

头端径 1.3 厘米，尾端径 0.7 厘米，长约 2.1 厘米，珰身直径约 0.5 厘米

　　喇叭形，头、尾及珰身呈圆形，中有一圆形孔。

参考文献：

◆ 苏州市考古研究所：《江苏苏州姑苏区福星小区两座唐代纪年墓发掘简报》，《东南文化》2020 年第 4 期。

311 ｜ 青瓷粉盒

北宋
常熟辛庄平墅村古墓葬 2021M7：4
盖口径 9.8 厘米，盒底径 5.2 厘米，通高 3.6 厘米

通体施青釉。圆形，子母口，微弧
腹，小底略内凹。

青瓷鬲式炉

南宋

2013 年高新区出土

口径 10.3 厘米，高 6.4 厘米，足高 2 厘米

　　通体施青釉，呈灰白色，足底无釉，露胎与釉面相接处有清晰的"一线红"。圆口，平折沿，短颈，圆肩，扁圆腹，三实心足。腹、足部有三条凸起的竖棱，肩部饰一道凸弦纹。整器色泽典雅，纹饰简洁，具有强烈的艺术感染力。

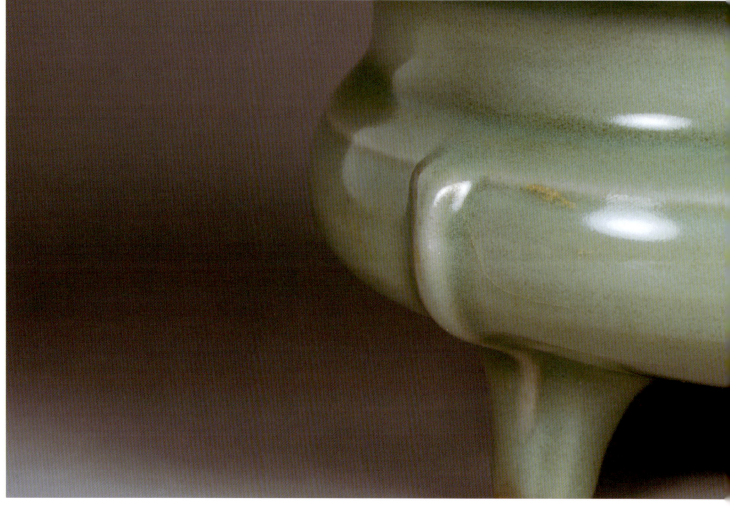

313 青瓷鼎式炉

宋代

群星遗址 2020H6 ①：1

口径 8.8 厘米，底径 6.2 厘米，高 7.6 厘米

　　通体施淡青釉。盘口，束颈，扁圆腹，下腹斜收至平底，三兽蹄足。颈部和腹部饰有数道凸弦纹，腹部中央饰有一周纵向短弦纹，腹底部饰有一周叶脉纹。

314 青瓷杯

宋代

群星遗址 2020H6 ①：24

口径 8.1 厘米，底径 5 厘米，高 6.2 厘米

　　整体呈青色，芒口，底部不施釉。直口微敛，圆唇，直弧腹，小圈足。腹部饰有莲瓣纹。

陶脊兽

宋代
察院场遗址 2017F1∶2
最宽 19.4 厘米，最高 34.5 厘米

　　泥质灰陶。正面为一狮子踩绣球。狮子
两眼炯炯有神，嘴大张，肩上戴有璎珞铃铛
装饰，左前脚踩绣球，威风凛凛。狮身和绣
球上皆有使用尖状器划出的花纹。狮子下方
为一莲花纹瓦当。宽边轮，外缘凸出。内侧
为两圈凸棱，凸棱间以直线相连，凸棱内当
心为 7 颗莲子，当面饰凸瓣莲花纹。

一元明
|时|期|遗|物|

伍

樊村泾遗址

　　樊村泾遗址位于古太仓城内东门附近，东西向重要交通水系致和塘的南岸，是古太仓城的有机组成部分。2016年1月至2017年2月，苏州市考古研究所联合太仓博物馆对其进行了考古发掘。共发掘出房址、水井、河道、道路等430余处遗迹，出土以元代中晚期龙泉窑青瓷和景德镇枢府瓷、青花瓷为主的遗物约150吨，可辨器形近40类。考古发现的建筑基址有统一的规划与布局，证明此地为元代官方经营的瓷器贸易集散地，龙泉青瓷曾在太仓集结，再远销海外。此次重要发现为海上丝绸之路研究提供了新的材料，也为龙泉青瓷研究提供了新的角度。入围"2016年全国十大考古新发现"初选名单。

参考文献：

◆ 苏州市考古研究所、太仓博物馆：《大元·仓：太仓樊村泾元代遗址出土瓷器精粹》，上海古籍出版社，2018年。

"至元四年"款莲花纹青瓷碗

元代

樊村泾遗址 2016TE01N03 ②∶91

底径 7.0 厘米，残高 4.7 厘米

通体施青釉，釉色青中泛黄，釉层较薄。胎色灰白，胎体厚重，胎中有颗粒杂质，略显粗糙。直圈足，足墙较矮，足圈及足端施青釉，局部呈铁褐色，足端齐平，外圈有削足斜面痕迹。内底心外围有一周弦纹，心部戳印茶花纹，四角叶瓣内分别有楷书"至""元""四""年"四字，自上而下、自右向左读写。外底心基本无釉，可见有轮制旋痕，残存有垫饼痕迹。

317 青瓷碗

元代

樊村泾遗址 2016HD1 ②：1596

口径 17.8 厘米，底径 6.2 厘米，高 7.4 厘米

　　灰白色胎，通体施青釉，足底无釉。敞
花口，圆唇外撇，深弧腹，圈足。碗内壁模
印杂宝纹，分四组陈列，底部刻划水波纹及
"四海进宝"字样，外壁刻划弦纹、莲瓣纹。

318 青瓷碗

元代

樊村泾遗址 2016HD2 ①:303

口径 18.7 厘米，底径 6.7 厘米，高 7.8 厘米

　　灰白色胎，通体施青釉，足底无釉。敞口，圆唇外卷，深弧腹，圈足。碗内壁刻划卷草纹，分四组陈列，底部刻划花卉纹及"方宅"字样，外壁刻划上、下两组弦纹。

319 青瓷碗

元代

樊村泾遗址 2016H69：19

口径 21.0 厘米，底径 6.5 厘米，高 8.0 厘米

　　灰白色胎，通体施青釉，足底心有一涩圈无釉。敞口，圆唇微外撇，深弧腹，圈足。碗内壁刻划荷花纹，内底心模印牡丹纹。

320 青瓷盖罐

元代

樊村泾遗址 2016HD2 ①:1625

口径 27.3 厘米，底径 18.9 厘米，高 26.4 厘米

　　失盖。灰白胎，通体施青釉，口唇、底端无釉。直口，圆唇，溜肩，鼓腹，下腹内收，圈足，内底残缺。肩部刻划仰莲纹，外壁中部刻划缠枝牡丹纹，下部刻划莲瓣纹。

321 青瓷盖罐

元代

樊村泾遗址 2016H32:1

口径 27.3 厘米，底径 19.8 厘米，高 25.5 厘米

　　失盖。灰白胎，通体施青釉，口唇、底端无釉。直口，圆唇微外凸，溜肩，鼓腹，下腹内收，圈足，内凹底外凸。外壁饰纵向瓜棱纹。

322 青瓷瓶

元代

樊村泾遗址 2016TW01S02 ②:3180

口径 17.2 厘米，底径 10.2 厘米，高 43.5 厘米

　　灰白胎，通体施青釉，足端无釉。喇叭
形口，翻沿，圆唇，束长颈，溜肩，深弧腹，
下腹内收，圈足外撇。颈部阴刻弦纹，肩、
腹部阴刻缠枝牡丹纹，下腹部阴刻莲瓣纹。

弦纹青瓷瓶

元代

樊村泾遗址 2016HD3 ②: 5194

口径 6.6 厘米, 底径 5.3 厘米, 高 18.4 厘米

　　灰白胎, 通体施青釉, 足端无釉。喇叭形口, 沿外翻, 圆唇, 束长颈, 溜肩, 圆弧腹, 下腹内收, 圈足外撇。颈部有凸弦纹, 肩部及上腹部饰弦纹。

324

双耳衔环青瓷瓶

元代

樊村泾遗址 2016TW01N03 ①: 160

口径 4.3 厘米, 底径 4.7 厘米, 高 17.5 厘米

　　灰白胎, 通体施青釉, 足端无釉。小敞口, 圆唇, 束长颈, 溜肩, 圆鼓腹下垂, 圈足。颈部有衔环方形双耳。颈部饰凹弦纹。

325 青瓷鬲式炉

元代

太仓樊村泾遗址 2016G17：3434

口径 17 厘米，高 13 厘米

　　灰白胎，通体施青釉，足端无釉。直口微敛，外折斜沿，圆唇，短束颈，扁鼓腹，下腹附三锥形足，平底。肩部有一周凸棱，腹部与三足相对处有三道明显的三角形凸棱，从肩部延伸至足部。

326 青瓷奁式炉

元代

樊村泾遗址 2016HD1 ①：3062

口径 15.2 厘米，底径 7.4 厘米，高 10.2 厘米

　　灰白胎，通体施青釉，内底和圈足底无釉。敛口，平沿内折、微凹，深直腹，圈足及地，下腹附三兽足，悬空，平底略内凹。外壁阴刻弦纹。

327 青瓷奁式炉

元代

樊村泾遗址 2016HD3 ②:5191

口径 20.3 厘米，底径 8.5 厘米，高 15.3 厘米

　　灰白胎，通体施青釉，圈足端无釉。敛口，平沿内折、微斜，深直腹，圈足悬空，下腹附三兽足、及地，内有一覆钵形涩底。外壁上、下两端阳刻弦纹，中部贴塑缠枝牡丹纹。

328 青瓷奁式炉

元代

樊村泾遗址 2016TW12S14 ②:1

口径 21.2 厘米，底径 7.1 厘米，高 14.5 厘米

　　灰白胎，通体施青釉，足端无釉。敛
口，平沿内折、微斜，深直腹，矮圈足悬
空，内中空，下腹附三兽足、及地，内底有
一覆钵形涩底。外壁上、下两端阳刻弦纹，
中部阳刻八卦纹。

329

青瓷盘
印花杂宝纹

元代

樊村泾遗址 2016HD1 ②：5109

口径 20.8 厘米，底径 12.5 厘米，高 4.6 厘米

　　灰白色胎，通体施青釉，底足部有一圈
较规整的刮釉，足底心有一白釉圈，质感细
腻。敞口，圆唇，浅弧腹，圈足。内底印杂
宝纹。

330

青瓷盘

印花牡丹纹

元代

樊村泾遗址 2016HD2 ①：388

口径 14.2 厘米，底径 8.6 厘米，高 3.3 厘米

　　灰白色胎，通体施青釉，足底心有一白釉圈。敞口，圆唇，浅弧腹，圈足。内底印牡丹纹。

331 青瓷八方盘

元代

樊村泾遗址 2016HD1 ①：2532

口径 15.2 厘米，底径 4.5 厘米，高 2.6 厘米

　　盘呈八边形。通体施青釉，足端
无釉。敞口，浅腹，小圈足。内底刻
划并蒂莲纹。

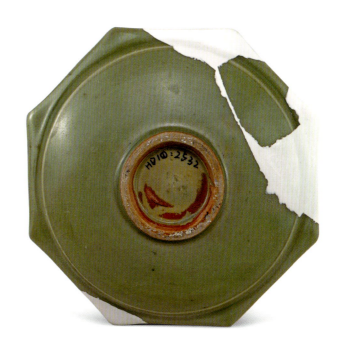

青瓷卧足盏

元代

樊村泾遗址 2016HD3 ①：3954

口径 7.6 厘米，底径 3.5 厘米，高 3.5 厘米

灰白胎，通体施青釉，足底无釉。直
口，圆唇，弧鼓腹，卧足。素面。

青瓷盏

印花梅花纹

333

元代

樊村泾遗址 2016HD2 ② : 163

口径 8.1 厘米，底径 3.0 厘米，高 4.3 厘米

　　灰白胎，通体施青釉，釉色泛黄，足底无釉。小直口微敛，圆唇，深弧腹，小圈足外撇，外底心有鸡心状凸起。素面，内底心印梅花纹。

334 青瓷莲子盏

元代

樊村泾遗址 2016HD3 ② : 267

口径 7.9 厘米，底径 2.8 厘米，高 4.8 厘米

　　灰白胎，通体施青釉，足底无釉。莲蓬状，花口，微敛，平圆唇，深弧腹，小圈足外撇，外底心有鸡心状凸起。内、外壁饰莲瓣纹。

335 青瓷洗

元代

樊村泾遗址 2016HD2 ①：2751

口径 19.9 厘米，底径 5.6 厘米，高 7.3 厘米

　　敛口，圆唇，斜沿，弧鼓腹，小圈足。沿部和近底部贴饰一周梅花形鼓钉纹，近底部贴饰三角形假足。

336 青瓷花口洗

元代

樊村泾遗址 2016TW01S01 ②：2032

口径 12.4 厘米，底径 5.5 厘米，高 3.6 厘米

　　灰白胎，通体施青釉，足底无釉。敞口，外折沿，花瓣唇，弧腹，圈足。内壁饰菊瓣纹，底心印花卉纹，外壁刻划花瓣纹。

337 青瓷花盆

元代

樊村泾遗址 2016HD2 ①:1482

口径 21.5 厘米,底径 13.6 厘米,高 5.6 厘米

灰白胎,通体施青釉,内底及足底无釉。喇叭形敞口,外折沿,裙裾状花边,深腹上束下鼓,圈足,足心有圆形穿孔。素面。

338 青瓷把杯

元代

樊村泾遗址 2016TW01S02 ②：3179

口径 7.5 厘米，底径 4.0 厘米，高 3.4 厘米

　　灰白色胎，通体施青绿釉，釉面开片，底部未施釉。侈口，圆唇，斜腹，平底，耳形单把。

339 青瓷高足杯

元代

樊村泾遗址 2016HD3 ②：3887

口径 9.2 厘米，足径 4 厘米，高 8 厘米

　　通体施青釉，釉下点褐彩。微残。敞口微外撇，圆唇，深直腹，高柄足，足端呈喇叭形。

菊瓣纹青瓷
高足杯

340

元代

樊村泾遗址 2016HD3 ②:5189

口径 9.5 厘米，足径 3.2 厘米，高 7.9 厘米

　　通体施青釉，足圈无釉。侈花口，沿
微外撇，圆唇，弧腹，高柄足，内壁旋
削，足端微外撇。内、外腹壁均有菊瓣
纹，杯心刻划荷花纹。

青花瓷高足杯

元代

樊村泾遗址 2016HD2 ①:1100

口径 11.4 厘米，足径 4.1 厘米，高 9.9 厘米

　　白胎，通体施青白釉，足端及底心无
釉。残。侈口，沿外撇，尖唇，弧腹，高柄
足中空，足端外撇呈喇叭形。内壁口沿绘卷
草纹，其下模印云龙纹，内底心绘菊花纹，
外壁绘缠枝花卉纹，柄足阴刻三道弦纹。

342 青白瓷转柄高足杯

元代

樊村泾遗址 2016HD2 ②:67

口径 8.3 厘米, 足径 3.4 厘米, 高 9.4 厘米

　　白胎, 通体施青白釉, 足端及底心无釉。侈口, 沿外撇, 尖唇, 深弧腹, 竹节形高柄足, 中空, 足端外撇呈喇叭状, 柄足可旋转。外壁绘褐彩缠枝花卉纹, 堆塑螭龙纹, 柄足阴刻四道弦纹。

343 卵白瓷盘

元代

樊村泾遗址 2016HD1 ①：3066

口径 16.1 厘米，底径 5.3 厘米，高 4.3 厘米

　　白色薄胎，通体施卵白釉，足底无釉。敞口，尖唇，浅弧腹，圈足。内壁模印牡丹纹，"枢府"二字对称模印于花卉之间，底心亦有花卉纹。

344

「大元通宝」铜钱

元代

樊村泾遗址 2016TW12S14③:54

钱径 4.0 厘米，穿径 1.2 厘米，厚 0.3 厘米

　　元武宗海山至大年间（1308~1311年）铸，非年号钱。钱文为八思巴文"大元通宝"。

明代

樊村泾遗址 2016J80：2

口径 7.4 厘米，底径 6.8 厘米，高 7.6 厘米

　　直口，平沿，短直颈，丰肩，鼓腹，下腹
弧收，圈足。外底刻写"辛亥冬日时大彬制"。

346 紫砂壶

明代
樊村泾遗址 2016J112:11
口径 7.5 厘米，底径 7.6 厘米，高 10.5 厘米

　　直口，平沿，短直颈，丰肩，鼓腹，圈足。外底刻写"丙申之岁时大彬制"。

347 紫砂壶

明代
樊村泾遗址 2016TW06S12 ①：18
口径 8.5 厘米，底径 6.8 厘米，高 10.1 厘米

　　壶把残。直口，平沿，短直颈，丰肩，
微鼓腹，下腹弧收，隐圈足。外底刻写"时
大彬制"。

墓葬 | 常熟渠中路

2021年10月，苏州市考古研究所对常熟渠中路两座古墓葬（M1和M2）及其相关区域进行了抢救性考古发掘工作。

M1平面近似南北向长方形。西壁较东壁略短，南北长3～3.1米，东西宽2.64米。为双室墓。现存墓葬可辨结构由外向内依次为：竖穴土圹、石灰浇浆圹、石椁室、石灰填充层和棺木等。墓室上部覆盖灰褐色土，湿黏，松软。两墓室内各发现一具墓主骨骼，保存均较好，仰身直肢，可辨墓主头向墓室北端。根据两墓主骨骼特征和随葬遗物特征，初步推测西侧墓主为一成年男性，东侧墓主为一成年女性。

M1出土随葬品16件。西墓室出土8件，在墓室上部北端外疑似"明堂"的残存结构内发现1件釉陶罐和5件泥质灰陶盖罐，在墓主左肱骨上端外发现1枚铜镜。东墓室棺内出土8件，在墓主右肩胛骨上端发现2件木梳和1件木棕刷，在墓主头骨左侧上端发现1枚铜镜，在墓主头骨右侧发现2件银簪和1组金饰件，在墓主腰右侧盆骨上方发现1枚金戒指。

348 陶罐

明代

常熟渠中路明墓 2021M1-1：2

盖径 7.4 厘米，罐口径 8.3 厘米，底径 4.2 厘米，
通高 7.2 厘米

　　泥质灰陶，胎质略硬。带盖。盖呈
圆形，正面内凹，中心有一凸纽。罐口
呈子母口，圆唇，束颈，鼓腹，下腹斜
收，小平底。

349 铜镜

明代

常熟渠中路明墓 2021M1-1:7

直径 9.4 厘米，厚 0.5 厘米，纽高 0.8 厘米

　　锈蚀。正面微凸，光素。背面中心有一圆纽，圆座，纽内穿孔；纽部向外依次装饰连弧纹、斜线纹、凸弦纹、铭文带和凸弦纹各一周。镜缘凸起，宽平。

350 铜
镜

明代
常熟渠中路明墓 2021M1-2：4
直径 9.8 厘米，最厚 0.9 厘米，纽高 1.2 厘米

　　锈蚀。正面微凸，光素。背面中心有一
圆纽，圆座，纽内穿孔；纽部向外依次装饰
三虎纹、双凸弦纹和斜线纹各一周；镜缘斜
向凸起，装饰一周斜线纹和两周凹弦纹，沿
边较尖。

351 银簪

明代

常熟渠中路明墓 2021M1-2：5

长 10.5 厘米，簪体直径 0.2 ～ 0.5 厘米，簪头直径 1 厘米

簪体银质，细长，呈锥形。簪头金质，呈二层梅花瓣形，内夹玉质花瓣。

352 木梳

352-1

明代

352-1 常熟渠中路明墓 2021M1-2：1
长 11.8 厘米，最宽 3.2 厘米，最厚 0.8 厘米

整体呈弧形，窄长，65 齿。

352-2 常熟渠中路明墓 2021M1-2：2
长 16.4 厘米，最宽 6.7 厘米，最厚 1.5 厘米

整体呈半月形，宽大，53 齿。

352 - 2

353 木棕刷

明代

常熟渠中路明墓 2021M1-2：3
长 10.5 厘米，把颈 1.3 厘米

整体呈束形，刷端呈散刷状，刷
内中空，把手端由绳子扎紧，呈束状。

其他
遗址

354 玉坠饰

明代

天平山明墓 M3:3

长 2.4 厘米，宽 1.4 厘米，厚 0.5 厘米

　　玉色晶莹白润。单面圆雕工艺，刀法沉稳质朴。半宝瓶形，束颈，鼓腹，圈足。双耳各有一孔洞可穿系绳结。

355 玉牌饰

明代

天平山明墓 M3:4、5

长 2.6 厘米，宽 2 厘米，厚 0.5 厘米

　　一面凸，一面凹，凸面雕刻有纹饰，凹面为一对小孔。小孔位于牌饰底部边缘，从侧缘钻出。

356 石人

明代

胥口万鸟园 2018M4：1

石人高 29.8 厘米；石座长 13.4 厘米，宽 9 厘米，高
3 厘米

　　石质白中泛青。发现时位于距墓底约
50 厘米的扰土中，上半部分已有一定程度
风化，下半部保存完好。石人头上戴冠，身
体微微前倾，五官因风化已不清晰，长须垂
至胸前，为一长者形象。其右手斜握一杖，
左手端扶腰带，身着长袍，衣褶流畅，腰系
绦带，两条带穗垂至地面，足部穿履，足尖
露于袍外。

357 陶扑满

明代

元和塘古窑址 2016T0207 ①:1

直径 10.2 厘米，底径 6.8 厘米，高 5.0 厘米

　　略残。顶面呈半圆形隆起，开一小孔，为一长条形插口，折肩斜向下收，平底。

358 金戒指

明代

虎丘观景二村西古墓葬 2019M3-1:1

环径 1.8 厘米，通高 2.6 厘米

　　圆环形，戒面较宽。戒身阴刻卷云纹，戒面堆塑一只俯卧回首的貔貅。

后记

　　2024 年是苏州市考古研究所成立的第十五年，也是"苏州地域文明探源工程"启动后的第二年，苏州考古博物馆也预计 2025 年开馆，《苏州出土文物精粹》图录的编辑出版成为今年的一项重要工作。

　　在图录编撰过程中，得到了苏州市考古研究所领导的全力支持和全体员工的鼎力协助。程义所长总协调，并设计全书体例、通审稿件、撰写序言等；朱威书记承担了协调各考古领队、分配任务、制订计划等工作；周官清与苏州博物馆王振、顾添逸承担本书的器物收集、器物说明核对、协调器物拍摄并编成初稿、校稿等各种具体工作；张铁军、张志清、牛煜龙、刘芳芳、王霞、车亚风、陈璟、沈浩、方立等同仁和各考古工地、工作站技工提供了大量的资料；办公室张云林、郑琼、何晓岚、车怡以及宋胜涛、韩一诺等同仁也在后勤保障、招投标、财务报销等工作中提供了大量帮助。中国社会科学院考古研究所商周室唐锦琼副主任、苏州博物馆孙明利副馆长、无锡市文物考古研究所何文竞也给予了大力支持。苏州行者无疆摄影工作室刘振摄影师奔赴各考古工作站、宜兴市金陵文物保护研究所等地，对本书收录精品文物进行拍摄工作。广西师范大学徐楚洋、钟淑镕在苏州实习期间也参与了资料整理工作。我们还特邀文物出版社黄曲编审担任本书的责任编辑，通过她专业的编辑，进一步提升了图录的品质。

　　因时间仓促，编者也是初次承担此重任，书稿中肯定还存在问题和瑕疵，敬请各位领导、专家、读者批评指正！最后，期盼苏州市考古研究所和苏州考古博物馆在越城遗址畔迎来考古新发现和博物馆展览的融合发展，并不断创新、再创佳绩！

周官清

2024 年 5 月于苏州新郭老街